《楞嚴經》大勢至菩薩 「念佛圓通章」釋疑之研究

--果濱 撰

自序

　　古來研讀《楞嚴經》而「入道」者很多，尤以觀音的「耳根圓通」法最為眾人所知，一直到民初高僧印光大師將《楞嚴經・卷五》末的「大勢至念佛圓通章」歸於淨土專宗之經，成為「淨土五經」之一；造成《楞嚴經》乃淨土宗之「顯學」。淨土宗第十三代印光大師曾說：「諸大乘經，經經皆令諸眾生直成佛道，但恨人之不誠心念誦，致不得其全益耳。《楞嚴》五卷末『大勢至菩薩章』，乃淨宗最上開示，祇此一章，便可與淨土四經參而為五，豈有文長之畏哉」（詳《印光法師文鈔・上冊》頁85。復永嘉某居士書四）！大師這番開示直凸顯大勢至念佛之法「暗勝」觀音，甚而「明勝」觀音，且只此「一章」就可與其餘之淨土四經「參而為五」。

　　為何大勢至念佛法會如此殊勝？《楞嚴經》二十聖圓通的「選佛場」不是「貴觀音而遺勢至」嗎？這裡頭一定大有「祕旨」，故本書名為《釋疑之研究》；亦是筆者撰寫此書之動機。誠如淨土宗第十代行策大師之《楞嚴經勢至圓通章解》云：「欲研究此經，甚不易得，然始末無論，只此『圓通』文中大有『淆譌處』，若非善讀善會者，則所謂醍醐毒藥，亦不甚遠」（參行策大師《楞嚴經勢至圓通章解》，詳《卍續藏》第二十四冊頁929上—下）。「醍醐與毒藥」是相差不遠的，二十五圓通之文——「大有淆譌處」，這是所有研究《楞嚴經》者要——「善讀善會」的！

　　歷代研究「大勢至念佛圓通章」的人多將此一章作單獨的介紹，或作專門的闡述著作，或為碩士論文的研究題材（如：2002年國立中央大學潘怡礽之《大勢至菩薩念佛圓通章之研究》碩士論文）。根據筆者的研究，雖然「大勢至念佛圓通章」只有短短的二百四十四字，但它的內容架構卻與整部《楞嚴經》息息相關、環環相扣。諸如：

❶此章中就有三個「心」字,「若眾生心」、「自得心開」、「以念佛心」,正顯「真如妙心」為本章之主體。

❷「都攝六根」正是《楞嚴經》前三卷半「五陰、六入、十二處、十八界」的「離即離非、是即非即」的「非因非自」如來藏性之理。

❸「憶佛念佛,現前當來,必定見佛」正是《楞嚴經》「理則頓悟,乘悟併銷。事非頓除,因次第盡(卷十)的「解行相應」之理。

❹「我本因地,以念佛心,入無生忍」正是《楞嚴經》「得元明覺無生滅性為因地心,然後圓成果地修證」的「因果常住性」之理。

❺「攝念佛人,歸於淨土」正是《楞嚴經》「吾今為汝建大法幢,亦令十方一切眾生,獲妙微密,性淨明心,得清淨眼(卷一)及「傳示將來末法之中諸修行者,令識虛妄,深厭自生,知有涅槃(卷十)的令得佛乘「方便行」之理。

❻「如母憶子,母子歷生,不相違遠」正是《楞嚴經》「一者無始生死根本。二者無始菩提涅槃元清淨體(卷一)及「遺失本妙,圓妙明心,寶明妙性,認悟中迷(卷二)之「一心二本」,「煩惱」與「菩提」不相捨離之理。

❼「必定見佛,去佛不遠」與《楞嚴經》「求最上乘決定成佛,譬如以塵揚于順風,有何艱險」的道理是一樣的。

❽「不假方便,自得心開」正是《楞嚴經》「若能轉物,則同如來,身心圓明,不動道場。於一毛端,遍能含受十方國土」的「不假方便」之妙用!

　　欲發揚《楞嚴經》大勢至菩薩「念佛圓通章」的「微言大言」及「釋疑」是本書寫作的主要核心,但更重要的是如何從「念佛圓通」法門中去達到了脫生死的目的?如何從「執持名號」中達到「反念念自性,性成無上道」之境?佛法不是一門「語言遊戲」,也不是一門普通「科學、哲學、思想」等知識;而是一門解脫、內鍊的「生命哲學」;是一門「全修起性」、「全性

起修」的證悟哲學;是一門「有解有行、解行並重」的「戒定慧」哲學。

　　本書雖以「解門」為重心,但卻以「行門」為目的,《楞嚴經》明確的說:「理則頓悟,乘悟併銷。事非頓除,因次第盡」。期望這本專書不只是在學術上有所研究貢獻,也能照顧到「行門」上的解脫之道,這亦是大乘佛法常說的——理事無礙、解行無礙、事事無礙之理。

　　　　　　　　　　公元 2014 年 1 月 23　果濱序於土城楞嚴齋

第一章　緒論

第一節　材料選擇與應用

　　歷代註《楞嚴經》者多達百家之註，[1]其註疏量當在漢文佛經的前四名內，[2]可說禪、天台、華嚴、淨、密等諸宗祖師大德都曾為本經著疏過。著疏過程難免有互相排擠、攻擊之嫌，[3]尤其是「天台宗」與「華嚴宗」為此經下最多註解。筆者撰寫這個題目並無選定是要以那「宗派」的著疏為主，完全就「念佛圓通」一章來研究，進而參照諸宗祖師之註疏、淨土專書的輔證，加上個人的心得研究而成。

　　有關「念佛圓通」的「捨識用根」行門是採交光大師的《楞嚴經正脈》觀點，大師說：「此經最殊勝處，全在破識心而不用，取根性為因心，良以用識用根，乃權實二教之所由分。用識而修者，塵劫不成菩提；從根而入者，彈指可超無學。若要決定成菩提，決定證涅槃，惟須直取根性為因地心，而後可圓成果地也」。[4]所以大勢至菩薩的「根大圓通」即「顯

---

[1] 根據李志華之《楞嚴經哲學之研究》頁169—170載，唐至清有116—135種註本，加上民國35種註本，全計146—165種註本。

[2] 《大佛頂首楞嚴經導論》記載說：「在佛教史上，自唐以來為《楞嚴經》做註疏的不下六十餘家，數量之富除《金剛般若》、《法華》、《心經》三部外，以此經為最多」。《文殊大藏經・密教部五》頁265。台北文殊文化公司印，78年4月。又李治華之《楞嚴經哲學研究》頁16云：「其註疏當在漢文佛經的前三名之內」，是誤也，應是第四名。

[3] 如錢謙益之《楞嚴經解蒙鈔・卷首之二》云：「交光自敘緣起，謂從《楞嚴》發悟，病中見佛，啟請註經，掃拂台觀，排抵《會解》（指元・惟則大師之《楞嚴經會解》一書）……幽溪（指明・傳燈大師之《楞嚴經圓通疏》一書）力扶台宗，專依《會解》」，由此可見其衝突之處。詳於《卍續藏》第二十一冊頁86下。

[4] 詳《卍續藏》第十八冊頁355上。

出」《楞嚴經》最重要的關鍵──以「捨識用根」來修行、來念佛。後人對交光大師之「捨識用根」說皆大力讚揚，如《楞嚴貫攝》云：「交光法師《正脈》出，而奧義闡盡，雲棲 蓮老(指蓮池大師)，搭衣禮拜，閣筆不註」、「觀其簡識取根，不用天台止觀，種種卓見，高出群疏，相傳蓮師(指蓮池大師)初見此本，望北焚香，搭衣禮拜」。[5]後來的註疏如明·戒潤大師之《楞嚴貫珠》、明·通潤大師《楞嚴經合轍》、清·通理大師《楞嚴經指掌疏》、清·劉道開《楞嚴經貫攝》、清·行策大師、清·續法大師，乃至民國圓瑛大師《楞嚴經講義》皆以交光之說為準，故本文亦順而採之。另外涉及到淨土的教相上則又取蕅益大師的天台學派來解說，關於闡明淨土的《彌陀鈔疏》、《彌陀要解》等諸淨土書亦是在本書所徵引的資料。

歷代為大勢至章做專註研究的作品並不多，如明·正相大師《楞嚴經勢至圓通章科解》、清·續法大師《楞嚴經勢至圓通章疏鈔》、清·行策《楞嚴經勢至圓通章解》、民國·毛凌雲《楞嚴經大勢至菩薩念佛圓通章今譯淺解》、民國·靜權大師《楞嚴經大勢至菩薩念佛圓通章講義》……加上大陸上近代一些學者之作，如毛昌蒸《大勢至菩薩念佛圓通章》的語評和闡釋、佛日大師《大勢至圓通章釋義》、王龍智隆《都攝六根淨念相繼──讀大勢至菩薩念佛圓通章》、蘇用燾《楞嚴經·大勢至菩薩念佛圓通章今譯》、2002 年國立中央大學潘怡礽之《大勢至菩薩念佛圓通章之研究》碩士論文……等，數量並不多。

本書所引用的資料大致以「歷代註家」為主，「現代註本」為輔，誠如蓮池大師說的：

---

[5] 詳《卍續藏》第二十三冊頁 92 上、頁 95 上。

「不獨《楞嚴》，近時於諸經，大都不用註疏，夫不泥『先人』之言，而直究本文之旨，誠為有見。然因是成風，乃至逞其『胸臆』，冀『勝古』以為高，而『曲解僻說』者有矣。新學無知，反為所『誤』，且古人勝今人處極多，其不及者什一；今人不如古人處極多，其勝者百一。則孰若姑存之。喻如學藝者，必先遵師教以為繩矩。他時後日，神機妙手超過其師，誰得而限之也。而何必汲汲於求勝也？而況乎終不出於古人之範圍也」。[6]

　　所以本書的寫作也是以「古著疏」為主，尤其筆者從行策大師、續法大師、錢謙益及印光大師之文鈔中獲得最多資料及靈感。

---

[6] 詳《蓮池大師全集（六）》頁 3634—3635。

第二節　研究方向與目的

　　本書的「研究方向」主要環繞下面五個問題來做開發的：[7]

❶ 大勢至菩薩本「以念佛心，入無生忍，今於此界，攝念佛人，歸於淨土」。[8]夫無生忍「果」也，念佛「因」也，若因果名目不相當，豈能即入「無生法忍」？若因果相當，與觀音何異？而文殊輒抑為「諸行是無常，念性元生滅，因果今殊感，云何獲圓通」[9]乎？

❷ 夫念者，始覺佛者，本覺始本相□□□入無生忍，此與觀音菩薩「返聞自性」有何□□？（附：□□表藏經中的遺漏字）

❸ 夫念佛，有念他方應佛者，有念自□□佛者。但念他方應佛，如今之單念彌陀者，此失於「自力」也。但念「自心果佛」，如今之修定參禪者，此失於他力也。失於自力如區區補蔭而得官者；失於他力如貧儒孜孜程式而科甲者。若「自他俱念」，如襲蔭程而兼程式及第者。大勢至菩薩以「念佛心」入「無生忍」，可謂「自他俱念」。永明所謂：有禪有淨土，猶如戴角虎，豈劣於大悲，而文殊固欲揀之耶？

❹ 凡修圓通，不過令各於「一根」脫粘內伏，如大悲尊，則單從「耳門」而脫粘。若大勢尊則云「我無選擇，都攝六根」[10]而脫粘。無論兼得耳門，且將超大悲而兼諸聖。文殊不選大勢而獨選大悲，何耶？

---

[7] 這五個問題節錄自明·傳燈大師《楞嚴經圓通疏前茅·卷下》之「第九十二問」到「第九十六問」。見《卍續藏》第八十九冊頁538下—539上。

[8]《楞嚴經·卷五》，詳《大正藏》第十九冊頁128中。

[9]《楞嚴經·卷六》，詳《大正藏》第十九冊頁130下。

[10]《楞嚴經·卷五》，詳《大正藏》第十九冊頁128中。

❺或者說曰，此方眾生耳根最利，大悲因中既修此法，故與娑婆眾生遍
　多因緣，而此方眾生獨尊事稱名觀音者，以此則今眾生亦偏於彌陀有
　緣而尊事稱名者甚眾，大勢念佛法門，豈□不與大悲等埒，而文殊推
　乎一而抑乎一，何耶？

　　解決這五個問題是本書的核心及預定目標；進而探討如何從「念佛
圓通」中獲得與觀音一樣的「反聞聞自性，性成無上道」之理？即——以
「捨識用根」之修法而達「反念念自性，性成無上道」之極果。

第三節　本書大綱與簡介

　　本書分成四章，第一章「緒論」，介紹「材料選擇與應用、研究方向與目的」。

　　第二章「楞嚴與淨土」。分二節，第一節「楞嚴與淨土因緣」。分別討論為何《楞嚴經・大勢念佛》會成為「淨土五經」之第五經。印光大師為何將此章置於「淨土五經」？以及他老人家在此經上所下的功夫，所謂「反念念自性，性成無上道」是大師之創說。另外介紹虛雲老和尚的禪淨思想，虛老一生最主《楞嚴經》，他是禪宗的一代祖師，然而它對大勢至菩薩念佛圓通章亦有一番新創，這是本章要特別舉出討論的兩位大德。

　　第二節「四處宣極樂世界」。[11]

一處是「大勢至菩薩念佛圓通章」。

二處是卷八中「乾慧地」中云「現前殘質，不復續生」。天台宗立圓教之行位有八，「五品弟子位」即其中第一位。「十信」以前之外凡位區別為「五品」，在「六即位」中則相當於第三之「觀行即」（觀行五品位）。[12]所以「乾慧地」榮登「五品觀行即」，已圓伏「五住煩惱」，故當捨穢土而超生「同居淨土」，智者大師是其明證也。[13]

三處是卷八「純想即飛，必生天上。若飛心中，兼福兼慧，及與淨願，自然心開，見十方佛，一切淨土，隨願往生」。前面之「乾慧地」猶屬聖位，此則屬博地凡夫，「純想」之心，便往生有份，乃彌陀大願

---

[11] 以下四處之說詳於《徹悟禪師語錄・卷下》，詳《卍續藏》第一〇九冊頁 780 上—下。

[12] 此說詳於《天台四教儀》和《天台四教儀集註・卷下》。

[13] 此說詳閱蕅益《楞嚴經文句・卷八》，詳《卍續藏》第二十冊頁 682 上。

力所攝。

四處是「流通分」中的「變其所受地獄苦因，成安樂國」。本書詳加考證「安樂國」三字，確實為「極樂世界」之同名，故「流通分」此文是「勸生極樂世界」之明證。

　　第三章是「念佛圓通章釋疑」。下分六節。第一節「念佛圓通章釋名」，主要將「念佛」與「圓通」之義解釋，大勢至章中的「憶佛念佛，現前當來，必定見佛」，到底是念那一尊佛？經文雖沒有清楚的交待，但從文義中的「十二如來」名號分析可以推斷是念「阿彌陀佛」。「根大圓通」是指七大圓通中的「見大」(根大)圓通法門，這第七之「見大」曾引起佛學界、學術界上的執疑，認為此說他經未聞，本節在此將詳細探討這「見大」的問題。

　　第二節「勢至與淨土因緣」。分別介紹大勢至菩薩之因緣及他的念佛三昧之法。「念佛三昧」一詞本文是採蕅益大師天台學之說，並繪「念佛三昧與四教儀之關係表」以供參考。

　　第三節「攝六根與淨念繼」。分別討論「都攝六根」與「淨念相繼」之意。「都攝六根」是如何「都攝」法？如何才是真正的「都攝六根」？文中討論二學派對「都攝六根」的不同看法，並以印光大師所倡的「十念法門」作「都攝六根」之修法。「淨念相繼」中探討「淨念終成有念，相繼難免生滅」之「語病」，既然能「淨念相繼」為何還會落於「生滅、無常」？筆者要提出：若能「都攝六根、淨念相繼」是不可能落於「無常」之「生滅」法，將念佛之性歸於「生滅」乃是要揀別不了念佛義，不能行「都攝六根、淨念相繼」之念佛者。

　　第四節「不假方便與心開」。討論為何念佛一法能「不假方便」而得「心開」？「方便」是「不了義」嗎？《華嚴經》上說：「隨方便智，以諸善根

迴向；令一切眾生，悉得真實究竟解脫」[14]、「菩薩善方便智，皆悉成就究竟解脫」[15]。《大毘盧遮那成佛神變加持經》也說：「菩提心為因。悲為根本。方便為究竟」。[16]為何「執持名號」的當下就可具足成佛的一切資糧呢？「大勢至菩薩念佛圓通章」中所說的「見佛心開」是見何佛？外佛？內佛？念佛可證入「無生忍」，「無生忍」的境界究有多高？這是本節要討論的重點。

第五節名為「貴觀音而遺勢至」，這是順著《楞嚴經》所給予的標題命名的，其實筆者主要的用意反而是「貴勢至而遺觀音」的，但這得花很多的經論分析來「釋疑」。在此分五小節，一是「耳根妙修」，先介紹觀音法門的圓通法門，觀音的「反聞聞自性」究竟是如何修的？二是「觀音彌陀」，介紹觀音菩薩與阿彌陀佛的關係，這兩小段都是為了「會禪歸淨」而作準備。三是「念性生滅」的問題，這可說是決定了大勢至菩薩在二十五聖中的「聲望」及「名次」。一般研究《楞嚴經》者，包括古德註家，大致都「依文解義」，將「念佛」之性歸於「行陰」和「生滅」門，這是受了前句「諸行是無常」所影響，其實如果按照「四科七大」的關係圖來看，大勢至是「根大」圓通，既是「根大」圓通就不應屬「行陰」，這樣的看法自然與歷代註家不同。

「念性」究竟是「生滅」否？若是，則「二十五聖」法法亦皆「生滅」，何者屬「非生滅」呢？若不是；則「二十五聖」法法亦皆「不生不滅」，何者屬非「不生不滅」呢？這些都是本小節所欲交待清楚的問題。最後是「會禪歸淨」，「禪」表觀音法門，「淨」表大勢至法門。這小節是搜集了歷

---

[14] 詳《大正藏》第九冊頁490中。
[15] 詳《大正藏》第九冊頁493下。
[16] 詳《大正藏》第十八冊頁1中。

代祖師註家對<u>觀音</u>與<u>勢至</u>二法門的比較觀點，筆者將之分成十二點，亦「有意」合經文「有佛出世，名<u>無量光</u>，十二如來，相繼一劫」之「十二」說。諸說中唯<u>印光</u>大師的見解最殊，大師一方面將<u>觀音</u>與<u>勢至</u>結合成「反念念自性，性成無上道」之禪淨不二，一方面又將<u>大勢</u>歸於「持名念佛」，餘「二十四聖」皆為「實相念佛」。

綜合諸家之語評，筆者最終的結論是：<u>大勢至</u>菩薩於選佛場中不只是被「暗選」為最勝，甚至「明選」為最上之法，因為<u>大勢至</u>法是「不假方便、我無選擇」➜離一切相。「都攝六根、淨念相繼」➜即一切法。此法符合《楞嚴經》「捨識用根」及「離即離非、是即非即」之旨，不登第一，誰何為勝？

第四章「結論」。回顧本書討論過的所有問題，針對《楞嚴經》之「空如來藏」[17]旨；而對<u>大勢至</u>的「念佛」法門予以最高之「理論哲學」評價。

---

[17] 一般解《楞嚴經》者都將如來藏畫分成「空、不空、空不空」三藏。「空與不空如來藏」是由《勝鬘師子吼一乘大方便方廣經；勝鬘經》（詳《大正》十二冊221下）中先提出，而後的《究竟一乘寶性論・卷四》（詳《大正》三十一冊840上）和《大乘法界無差別論》（詳《大正》三十一冊893中）亦承此說。不過「如來藏」一詞在《楞嚴經》中計有二十九處，而「空如來藏」一詞只有二處，分別在卷四阿難問果地七名云「空如來藏大圓鏡智」（詳《大正》十九冊頁123下）和卷六<u>觀音</u>十四無畏中云「立大圓鏡空如來藏」（頁129中），因此<u>蕅益</u>大師認為經文只有「空如來藏」詞，別無「不空、空不空如來藏」之詞。大師以為：只此「空如來藏」便是「離即離非、是即非即」之體，非別有「不空」等二藏以為之對。「空」字即顯「離即離非」義，「藏」字即顯「是即非即」義，「如來」二字即顯「妙明心元」義，又絲空義……以此名而顯經體，當知即是中道理性，非空非不空，仍雙照空與不空……後世不直明如來藏心所具三義，而條然安立三名，遂使乘言滯句之流，似謂三藏各有別體，亦可歎也。（見《楞嚴經玄義・卷下》頁396上—下、415上—下。詳《卍續藏》第二十冊）。所以在他經上有「空、不空如來藏」之說，但在《楞嚴經》中的確只有「空如來藏」之詞，為順《楞嚴》之經文，故只取其「空如來藏」一詞為用。

第二章　楞嚴與淨土

第一節　楞嚴與淨土因緣

（一）淨土五經

相傳古來即有淨土「三經一論」之說，三經是《阿彌陀經》、《觀無量壽經》、《無量壽經》再加《往生論》。到了清咸豐・邵陽 魏承貫居士（即魏源居士 1974—1856）將《普賢行願品》加入成為「淨土四經」說。而民國初年的印光大師則又將《楞嚴經・大勢至念佛圓通章》加入，始成為「淨土五經」之說。

「淨土五經」之由來相信大家已耳熟能詳，茲略簡述如下：

第一部《阿彌陀經》（Sukhāvatyamṛta-vyūha）。音譯為《速迦瓦低阿彌哩怛尾喻訶》。又稱《一切諸佛所護念經》、《諸佛所護念經》、《小無量壽經》、《小經》、《四紙經》。收於大正藏第十二冊。原典約編纂於北印度阿彌陀佛信仰盛行之區，亦即在《大無量壽經》原型成立後，約在一世紀左右。漢譯本則於姚秦 弘始四年（402）由鳩摩羅什（Kumārajīva 344～413）譯出。譯出後異譯有二本，一為劉宋・孝武帝 孝建（454～456）初年求那跋陀羅所譯之《小無量壽經》一卷，早已散軼，現僅存咒文與利益文；二為唐・高宗 永徽元年（650）玄奘所譯之《稱讚淨土佛攝受經》一卷。羅什之譯本，譯文簡潔流麗，故誦讀者最多。內容敘述阿彌陀佛西方淨土之清淨莊嚴，諸佛真誠讚歎眾生之往生淨土、六方諸佛之印證，及持名念佛等，使淨土信仰明確而平易。近代因牛津大學刊行梵

本，日本遂掀起研究之熱潮，如藤波一如著有《和英支鮮四國語譯梵文阿彌陀經》、荻原雲來著有《梵藏和英合璧淨土三部經》，及木村秀雄著有 TheSmaller sukhāvatī-vyūha,Description of Sukhāvatī,The Land of Bliss,collaterating Sanskrit,Tibetan,Chinese texts with commentarial foot-notes 等等。

　　《阿彌陀經》所開示的念佛法門是：「不可以少善根福德因緣得生彼國。舍利弗！若有善男子善女人，聞說阿彌陀佛，執持名號。若一日、若二日、若三日、若四日、若五日、若六日、若七日，一心不亂。其人臨命終時，阿彌陀佛與諸聖眾，現在其前，是人終時心不顛倒，即得往生阿彌陀佛極樂國土」。[1]其中經文的「不可以少善根福德因緣得生彼國」之句曾引起不少爭議，尤其是《襄陽石刻阿彌陀經》中在「一心不亂」後多了二十一字「專持名號，以稱名我，諸罪消滅，即是多善根福得因緣」。關於這些異論筆者暫擱不談，可參閱林光明編註《阿彌陀經譯本集成》頁 502—524 之「襄陽石刻二十一字脫文試析」和「少善根試析」二文。

　　第二部是曹魏・印度沙門康僧鎧譯《無量壽經》（Sukhāvatī-vyūha）二卷。又稱《雙卷經》、《兩卷無量壽經》、《大無量壽經》、《大經》。本經之漢譯本極多，乃「我佛屢說，諸師競譯，東來最早，譯本獨多」。[2]古來即有「五存七缺」等十二種譯本之說，即：

❶《無量壽經》二卷，東漢・安息國沙門安世高譯，今已不存。譯出時間約在 148～170。

❷《無量清淨平等覺經》四卷，東漢・大月氏沙門支婁迦讖（147～？

---

[1] 詳《大正藏》第十二冊頁 347 中。
[2] 此語乃梅光羲所說。詳於黃念祖《無量壽經解》頁 65。

Lokaṣema）譯。譯出時間約在靈帝 光和、中平年間（178～189）。

❸《阿彌陀經》（又名《佛說阿彌陀三耶三佛薩樓佛檀過度人道經》、《無量壽經》）二卷，三國吳·大月氏沙門支謙譯。譯出時間約在吳黃武 元年至建興年中（222～253）。

❹《無量壽經》。曹魏·印度沙門康僧鎧（Saṃghavarman）譯於洛陽 白馬寺。曹魏 嘉平四年（252）譯出。

❺《無量清淨平等覺經》二卷，曹魏·龜茲國沙門帛延譯於洛陽 白馬寺，今已不存。譯出時間約在 254～260。

❻《無量壽經》二卷，西晉·竺法護（Dharmarakṣa）譯，今已不存。譯出時間約在武帝 泰始年間（265～274）。

❼《無量壽至真等正覺經》一卷（又名《樂佛土樂經》、《極樂佛土經》），東晉·西域沙門竺法力譯，今已不存。於恭帝 元熙元年（419）二月譯出。

❽《新無量壽經》二卷，東晉·迦羅衛羅國沙門佛陀跋陀羅（359～429 Buddhabhadra）譯於道場寺，今已不存。譯出時間約在義熙十一年（415）以後。

❾《新無量壽經》二卷，劉宋·涼州沙門寶雲（376～449）譯於道場寺，今已不存。

❿《新無量壽經》二卷，劉宋·罽賓國沙門曇摩蜜多（356～442 Dharma-mitra）譯，今已不存。譯出時間約在宋 元嘉元年（424）以後。

⓫《大寶積經無量壽如來會》二卷，唐·南印度三藏菩提流志（562～727 Bodhiruci）譯。譯出時間約在中宗 神龍二年（706）以後。

⓬《大乘無量壽莊嚴經》三卷，北宋·西域沙門法賢（？～1001）譯。譯出時間約在 980 以後。

　　然近代學者，如日本常盤大定、望月信亨、中村元等人，根據歷代經錄之記載、敦煌本之新資料、梵文原本之對照研究，乃至教理史之發展觀點，而對古來十二譯之說提出質疑之看法，謂本經前後僅有五種之

譯本而已，即上記十二譯本中之第三、第五、第十一、第十二譯，另加
上西晉竺法護譯之《無量壽經》二卷，其餘多為重複訛偽之記錄。此外，
日本野上俊靜更進一步主張本經係竺法護譯於西晉 永嘉二年（308）之
譯本，而非康僧鎧所譯。又本經之梵文原本亦有數種，1883 年，英國學
者麥克斯穆勒（Max Myller）與日本南條文雄（1849〜1927）共同出版
原文本，穆勒又將之英譯，題為「The Larger Sukhāvatī-vyūha」。1908 年，
南條文雄亦將此版譯為日文。1917 年，日本荻原雲來又根據高楠順次
郎、河口慧海兩人自尼泊爾所發現之梵本及藏譯本，重新改訂穆勒出版
之梵文本，復譯為日譯本、英譯本。此外，寺本婉雅、青木文教兩人亦
曾先後將西藏本譯為日文出版。

　　《無量壽經》所揭示的念佛法門是「諸有眾生聞其名號，信心歡喜
乃至一念，至心迴向願生彼國，即得往生住不退轉，唯除五逆誹謗正法」。
[3]經言只要僅僅一念信願均可往生彼國。經中所談的三輩往生，其上輩是
「捨家棄欲而作沙門。發菩提心，一向專念無量壽佛，修諸功德願生彼
國」。[4]其下輩者是「假使不能作諸功德，當發無上菩提之心，一向專意乃
至十念，念無量壽佛願生其國。若聞深法歡喜信樂不生疑惑，乃至一念
念於彼佛，以至誠心願生其國。此人臨終，夢見彼佛亦得往生」。[5]由上
經文可知「發菩提心、一向專念」是本經所強調的念佛修法，故《無量壽
經》亦為淨宗主「專修佛號、不夾經咒」的理論根據。

　　第三部是劉宋 · 西域沙門畺良耶舍譯（383〜442 Kālayaśas）《觀無
量壽佛經》（Amitāyur-dhyāna-sūtra）一卷。又名《無量壽佛觀經》、《無

---

[3] 詳《大正藏》第十二冊頁 272 中。
[4] 詳《大正藏》第十二冊頁 272 中。
[5] 詳《大正藏》第十二冊頁 272 下。

量壽觀經》、《十六觀經》，略稱《觀經》。收於大正藏第十二冊。內容敘述佛陀應韋提希（Vaidehī）夫人所請，示現西方極樂淨土，並說「修三福」、「十六觀」為往生法。本經之梵本現已不存，西藏本亦無，而漢譯本亦僅存畺良耶舍的譯本。然在新疆曾發現維吾爾文譯本之殘卷。日本學者高楠順次郎應英國牛津大學馬克士・穆勒之請，據現行本譯成英文。又本經並非佛為當時之上根者說，係為佛滅度後之未來世罪業深重者而說，故本經又別稱為《為未來世經》，如經云：「如來今者，為未來世一切眾生為煩惱賊之所害者，說清淨業」，[6]且韋提希亦白佛云：「世尊，我今因佛力故，得見無量壽佛及二菩薩。未來眾生，當云何觀無量壽佛及二菩薩」，[7]故知此經乃為未來世眾生而說。

　　《觀無量壽佛經》屬於《觀經》之一，與《觀佛三昧海經》、《觀普賢菩薩行法經》、《觀彌勒上生兜率天經》、《觀世音觀經》等皆為同類型者，乃說觀彌陀、觀音、勢至等三聖及極樂淨土莊嚴之法。又於「十六觀」中，以第九「阿彌陀佛真身觀」為最重要之觀行，經文云：「繫念諦觀彼國淨業」，次教修「繫念一處，想於西方」。[8]教觀無量壽佛身光明、觀觀世音菩薩、觀大勢至菩薩、觀於蓮華中坐及蓮華合開想、觀無量壽佛丈六身像在池水上……等觀法。但其對「上品上生」的修法與《無量壽經》略異，它主張修「發三種心，即便往生。何等為三？一者至誠心、二者深心、三者迴向發願心……一者慈心不殺具諸戒行、二者讀誦大乘方等經典、三者修行六念，迴向發願生彼佛國，具此功德，一日乃至七日，即得往生」。[9]其「下品下生」的修法是「不能念彼佛者，應稱無量壽佛，

6　詳《大正藏》第十二冊頁 341 下。
7　詳《大正藏》第十二冊頁 342 下。
8　詳《大正藏》第十二冊頁 341 下。
9　詳《大正藏》第十二冊頁 344 下。

如是至心，令聲不絕，具足十念，稱南無阿彌陀佛……於一念頃，即得往生極樂世界」。[10]

　　《觀無量壽經》大致以「善根福德」為念佛之助行，有萬善齊歸淨、齊迴向淨土之意，此亦為永明 延壽大師所主。關於《無量壽經》與《觀無量壽》二經之修法比較，印光大師有折中的開示云：「當云淨土法門，修有專圓，由眾生根器不一，致諸師立法不同。善導大師令人一心持名，莫修雜業者，恐中下人以業雜致心難歸一，故示其『專修』也。永明大師令人萬善齊修，迴向淨土者，恐上根人行墮一偏，致福慧不能稱性圓滿，故示其『圓修』也」。[11]

　　第四部是四十卷《華嚴經》中最後一卷的《普賢行願品》。四十《華嚴經》是唐·北印度 迦畢試國沙門般若（734～？）所譯，全稱《大方廣佛華嚴經入不思議解脫境界普賢行願品》，略稱《普賢行願品》，又稱《貞元經》。關於本經之翻譯，係於唐德宗 貞元十一年（795）十一月，由南天竺 烏荼國 師子王派使者進貢其所親寫《華嚴經》之梵本，翌年六月，於長安 崇福寺，由罽賓 般若三藏譯之，澄觀及圓照、鑑虛等諸師詳定，至貞元十四年二月譯畢，共四十卷，此即四十《華嚴》。又本經之梵本，現保存於英、法、印度等國之圖書館或學會中，亦有西藏譯本及西夏文字之經本。《華嚴經·卷四十普賢行願品》說普賢菩薩十種廣大之行願，即：「禮敬諸佛、稱讚如來、廣修供養、懺悔業障、隨喜功德、請轉法輪、請佛住世、常隨佛學、恆順眾生、普皆迴向」。經中一一述此十大願，明其功德無量，臨命終時，得此願王引導，往生阿彌陀佛極樂世界。如經云：「願我臨欲命終時，盡除一切諸障礙。面見彼佛阿彌陀，

---

[10] 詳《大正藏》第十二冊頁 346 上。
[11] 印光大師復永嘉某居士書二。見《印光法師文鈔·上冊》頁 123。

即得往生安樂剎……普願沈溺諸眾生，速往無量光佛剎」。[12]淨土宗將此經納入成為淨土專書乃因其特重「願行迴向」之故！

　　第五部是民國初年印光大師加入的《楞嚴經・大勢至菩薩念佛圓通章》，此章留至「第三章」文詳述。其實早在南宋・宗曉（1151～1214）大師的《樂邦文類・卷一》中就已將《楞嚴經・大勢至菩薩念佛圓通章》視為極樂淨土的重要經文，[13]只差當時它並不是淨土經的主流，這要到印光大師的重視才形成「顯學」。

（二）　會通五經

　　「大勢至菩薩念佛圓通章」雖只有二百四十四個字，但裡面的道理卻包涵其餘的淨土四經，下面試將「圓通章」經文與「淨土四經」會通，另外加上《法華經》的部份，故本節名為「會通五經」。

1、與《佛說無量壽經》會通

「修空無相無願三昧、不生不滅諸三昧門，遠離聲聞緣覺之地」。[14]

「定聚」（願文）。[15]

「無生法忍」（願文）。[16]

---

[12] 詳《大正藏》第十冊頁848上—中。

[13] 詳《大正藏》第四十七冊頁152下。

[14] 詳《佛說無量壽經・卷二》云：「修空無相無願三昧、不生不滅諸三昧門，遠離聲聞緣覺之地」。詳《大正藏》第十二冊頁274中。

[15] 詳《佛說無量壽經・卷一》云：「設我得佛，國中人天不住『定聚』，必至滅度者，不取正覺」。詳《大正藏》第十二冊頁268上。

[16] 詳《佛說無量壽經・卷一》云：「設我得佛，十方無量不可思議諸佛世界眾生之類，聞我名字不得菩薩『無生法忍』、諸深總持者，不取正覺」。詳《大正藏》第十二

「普等三昧」（願文）。[17]
——「大勢至菩薩念佛圓通章」云：入無生忍，得三摩地。

「孝子愛敬父母，於諸眾生，視之若己」。[18]
「我哀愍汝等諸天人民，甚於父母念子」。[19]
——「大勢至菩薩念佛圓通章」云：如子憶母，如母憶子。

「乃至一念，至心迴向願生彼國，即得往生住不退轉」。[20]
「（第一願）設我得佛，國有地獄、餓鬼、畜生者，不取正覺……（第四十八願）
設我得佛，他方國土諸菩薩眾，聞我名字，不即得至第一忍、第二、第
三法忍，於諸佛法不能即得不退轉者，不取正覺」。[21]
——「大勢至菩薩念佛圓通章」云：如母憶子（故常為之除罪）。

「三輩之善」。「捨家棄欲作沙門；奉持齋戒立塔像；至誠心願生其國」。
[22]
「恭敬三寶，奉事師長」。[23]
「貯功德，示福田」。[24]
「純孝之子，愛敬父母，於諸眾生，視之若己」。[25]

　　冊頁 268 下。
[17] 詳《佛說無量壽經·卷一》云：「設我得佛，他方國土諸菩薩眾聞我名字，皆悉逮
　　得『普等三昧』」。詳《大正藏》第十二冊頁 269 上。
[18] 詳《佛說無量壽經·卷一》。《大正藏》第十二冊頁 266 中。
[19] 詳《佛說無量壽經·卷二》。《大正藏》第十二冊頁 277 下。
[20] 詳《佛說無量壽經·卷二》。《大正藏》第十二冊頁 272 中。
[21] 詳《佛說無量壽經·卷一》。《大正藏》第十二冊頁 267 下~269 中。
[22] 詳《佛說無量壽經·卷二》。《大正藏》第十二冊頁 272 中。
[23] 詳《佛說無量壽經·卷一》。《大正藏》第十二冊頁 269 下。
[24] 詳《佛說無量壽經·卷一》。《大正藏》第十二冊頁 266 上。
[25] 詳《佛說無量壽經·卷一》。《大正藏》第十二冊頁 266 中。

——「大勢至菩薩念佛圓通章」云：如子憶母（故常思積善）。

「日夜稱說，至心不斷」。[26]

「乃至十念，若不生者，不取正覺，唯除五逆、誹謗正法」。[27]

「發菩提心，一向專念」。[28]

——「大勢至菩薩念佛圓通章」云：憶佛念佛（因）。

「命終得生<u>無量壽國</u>」。[29]

「得深禪定，具足五眼」。[30]

「成等正覺」。[31]

「定聚」[32]（願文）。

「無生法忍」。[33]

——「大勢至菩薩念佛圓通章」云：現前當來，必定見佛。無生法忍。

自得心開。（果）

---

[26] 詳《佛說無量壽經・卷一》。《大正藏》第十二冊頁270中。

[27] 詳《佛說無量壽經・卷一》。《大正藏》第十二冊頁268上。

[28] 詳《佛說無量壽經・卷二》。《大正藏》第十二冊頁272中。

[29] 詳《佛說無量壽經・卷二》。《大正藏》第十二冊頁278中。

[30] 詳《佛說無量壽經・卷二》。原經文云：「得深禪定，諸通明慧……『肉眼』清徹靡不分了、『天眼』通達無量無限、『法眼』觀察究竟諸道、『慧眼』見真能度彼岸、『佛眼』具足覺了法性」。詳《大正藏》第十二冊頁274上。

[31] 詳《佛說無量壽經・卷一》，原經文云：「授菩薩記，成等正覺」。《大正藏》第十二冊頁266上。

[32] 詳《佛說無量壽經・卷一》云：「設我得佛，國中人天不住『定聚』，必至滅度者，不取正覺」。詳《大正藏》第十二冊頁268上。

[33] 詳《佛說無量壽經・卷一》，原經文云：「設我得佛，十方無量不可思議諸佛世界眾生之類，聞我名字，不得菩薩『無生法忍、諸深總持』者，不取正覺」。《大正藏》第十二冊頁268下。

「發菩提心，一向專念」。[34]

「日夜稱說至心不斷」。[35]

——「大勢至菩薩念佛圓通章」云：都攝六根，淨念相繼。

附：與《佛說無量清淨平等覺經》（此為《無量壽經》之異譯）

「令斷五惡、令去五痛、令去五燒」。[36]

——「大勢至菩薩念佛圓通章」云：如母憶子（常為眾生除罪）。

「長與道德合明，然善極相保守」。[37]

「要當作善」[38]。

——「大勢至菩薩念佛圓通章」云：如子憶母（故常思積善）。

2、與《阿彌陀經》會通

「一心不亂」、「心不顛倒」。[39]

——「大勢至菩薩念佛圓通章」云：入無生忍。念佛三昧。得三摩地。

「得與如是諸上善人俱會一處」。[40]

——「大勢至菩薩念佛圓通章」云：香光莊嚴。

---

[34] 詳《佛說無量壽經·卷二》。詳《大正藏》第十二冊頁272中。
[35] 詳《佛說無量壽經·卷一》。詳《大正藏》第十二冊頁270中。
[36] 詳《佛說無量清淨平等覺經·卷四》。《大正藏》第十二冊頁295中。
[37] 詳《佛說無量清淨平等覺經·卷三》。《大正藏》第十二冊頁295上。
[38] 詳《佛說無量清淨平等覺經·卷三》。《大正藏》第十二冊頁293上。
[39] 詳《佛說阿彌陀經》。《大正藏》第十二冊頁347中。
[40] 詳《佛說阿彌陀經》。《大正藏》第十二冊頁347中。

「成就如是功德莊嚴」。[41]

「阿彌陀佛欲令法音宣流變化所作」。[42]

「彼佛光明無量，照十方國，無所障礙」。[43]

「一切諸佛所護念經」。[44]

「說此難信之法」。[45]

──「大勢至菩薩念佛圓通章」云：如母憶子。

「應當發願」。[46]

「執持名號」。[47]

「信是稱讚」。[48]

──「大勢至菩薩念佛圓通章」云：如子憶母。

「應當發願，願生彼國」。[49]

「不可以少善根福德因緣，得生彼國」。[50]

「執持名號」。[51]

「當信是稱讚不可思議功德一切諸佛所護念經」。[52]

---

[41] 詳《佛說阿彌陀經》。《大正藏》第十二冊頁 347 上。
[42] 詳《佛說阿彌陀經》。《大正藏》第十二冊頁 347 上。
[43] 詳《佛說阿彌陀經》。《大正藏》第十二冊頁 347 上。
[44] 詳《佛說阿彌陀經》。《大正藏》第十二冊頁 347 中。
[45] 詳《佛說阿彌陀經》。《大正藏》第十二冊頁 348 上。
[46] 詳《佛說阿彌陀經》。《大正藏》第十二冊頁 347 中。
[47] 詳《佛說阿彌陀經》。《大正藏》第十二冊頁 347 中。
[48] 詳《佛說阿彌陀經》。《大正藏》第十二冊頁 347 中。
[49] 詳《佛說阿彌陀經》。《大正藏》第十二冊頁 347 中。
[50] 詳《佛說阿彌陀經》。《大正藏》第十二冊頁 347 中。
[51] 詳《佛說阿彌陀經》。《大正藏》第十二冊頁 347 中。
[52] 詳《佛說阿彌陀經》。《大正藏》第十二冊頁 347 中。

——「大勢至菩薩念佛圓通章」云：憶佛念佛（因）。

「阿鞞跋致」。[53]

「一生補處」。[54]

「得與如是諸上善人俱會一處」。[55]

「心不顛倒，即得往生阿彌陀佛極樂國土」。[56]

「得不退轉」。[57]

——「大勢至菩薩念佛圓通章」云：現前當來必定見佛。自得心開。

入無生忍。得三摩地（果）。

「執持名號，若一日、若二日……若七日，一心不亂……是人終時，心不顛倒」。[58]

——「大勢至菩薩念佛圓通章」云：都攝六根。淨念相繼。

附：與《稱讚淨土佛攝受經》會通（此為《阿彌陀經》之異譯）

「繫念不亂」。[59]

「令心不亂」。[60]

——「大勢至菩薩念佛圓通章」云：入無生忍。念佛三昧。得三摩地。

---

[53] 詳《佛說阿彌陀經》。《大正藏》第十二冊頁 347 中。
[54] 詳《佛說阿彌陀經》。《大正藏》第十二冊頁 347 中。
[55] 詳《佛說阿彌陀經》。《大正藏》第十二冊頁 347 中。
[56] 詳《佛說阿彌陀經》。《大正藏》第十二冊頁 347 中。
[57] 詳《佛說阿彌陀經》。《大正藏》第十二冊頁 348 上。
[58] 詳《佛說阿彌陀經》。《大正藏》第十二冊頁 347 中。
[59] 詳《稱讚淨土佛攝受經》。《大正藏》第十二冊頁 350 上。
[60] 詳《稱讚淨土佛攝受經》。《大正藏》第十二冊頁 350 上。

「得與如是無量功德眾所莊嚴諸大士等，同一集會」。[61]

「無量行願，念念增進」。[62]

——「大勢至菩薩念佛圓通章」云：香光莊嚴。如子憶母。

「善根多福」。[63]

「繫念不亂」。[64]

「念念增進」。[65]

——「大勢至菩薩念佛圓通章」云：憶佛念佛（因）。

「念念增進，決定當證阿耨多羅三藐三菩提」。[66]

「一者澄淨，二者清冷，三者甘美，四者輕軟，五者潤澤，六者安和，
　七者飲時除飢渴等無量過患，八者飲已定能長養諸根四大；增益種種
　殊勝善根」。[67]

——「大勢至菩薩念佛圓通章」云：必定見佛（果）。

「諸惡煩惱，悉皆消滅」。[68]

——「大勢至菩薩念佛圓通章」云：如母憶子（常為眾生除罪）。

「無量善法，漸次增長」。[69]

---

61 詳《稱讚淨土佛攝受經》。《大正藏》第十二冊頁 349 下。
62 詳《稱讚淨土佛攝受經》。《大正藏》第十二冊頁 349 下。
63 詳《稱讚淨土佛攝受經》。《大正藏》第十二冊頁 348 下。
64 詳《稱讚淨土佛攝受經》。《大正藏》第十二冊頁 350 上。
65 詳《稱讚淨土佛攝受經》。《大正藏》第十二冊頁 349 下。
66 詳《稱讚淨土佛攝受經》。《大正藏》第十二冊頁 349 下。
67 詳《稱讚淨土佛攝受經》。《大正藏》第十二冊頁 348 下。
68 詳《稱讚淨土佛攝受經》。《大正藏》第十二冊頁 349 上。
69 詳《稱讚淨土佛攝受經》。《大正藏》第十二冊頁 349 上。

——「大勢至菩薩念佛圓通章」云：如子憶母（故常思積善）。

3、與《佛說觀無量壽佛經》會通

「稱南無阿彌陀佛，稱佛名故，除五十億劫生死之罪」。[70]

「以佛力故，當得見彼清淨國土」。[71]

「水鳥、樹林及與諸佛，所出音聲，皆演妙法」。[72]

「華上皆有化佛菩薩，迎接此人」。[73]

——「大勢至菩薩念佛圓通章」云：如母憶子（故常為眾生除罪）。

「於現身中，得念佛三昧」。[74]

「於第一義心不驚動」。[75]

「一者、至誠心。二者、深心。三者、迴向發願心」。[76]

「悟無生法忍」。[77]

「得入初地」。[78]

——「大勢至菩薩念佛圓通章」云：入無生忍。得三摩地。

「諸佛如來是法界身，遍入一切眾生心想中」（佛入我心）。[79]

---

[70] 詳《佛說觀無量壽佛經》。《大正藏》第十二冊頁 345 下。
[71] 詳《佛說觀無量壽佛經》。《大正藏》第十二冊頁 341 下。
[72] 詳《佛說觀無量壽佛經》。《大正藏》第十二冊頁 346 上。
[73] 詳《佛說觀無量壽佛經》。《大正藏》第十二冊頁 344 中。
[74] 詳《佛說觀無量壽佛經》。《大正藏》第十二冊頁 343 中。
[75] 詳《佛說觀無量壽佛經》。《大正藏》第十二冊頁 345 上。
[76] 詳《佛說觀無量壽佛經》。《大正藏》第十二冊頁 344 下。
[77] 詳《佛說觀無量壽佛經》。《大正藏》第十二冊頁 345 上。
[78] 詳《佛說觀無量壽佛經》。《大正藏》第十二冊頁 345 下。
[79] 詳《佛說觀無量壽佛經》。《大正藏》第十二冊頁 343 上。

——「大勢至菩薩念佛圓通章」云：如母憶子。

「光明遍照，十方世界，念佛眾生，攝取不捨（我入佛心）。[80]
——「大勢至菩薩念佛圓通章」云：如子憶母。攝念佛人歸淨土。

「汝等心想佛時，是心即是三十二相，八十隨形好」。[81]
「諸佛如來是法界身，遍入一切眾生心想中」。[82]
——「大勢至菩薩念佛圓通章」云：眾生「憶佛念佛」即能悟入佛心性也。
能顯「心、佛、眾生」三無差別！

「如來今者，為未來世一切眾生為煩惱賊之所害者，說清淨業」。[83]
——「大勢至菩薩念佛圓通章」云：今於此界，攝念佛人歸於淨土。

「修三福」。[84]
「孝養父母，奉事師長，慈心不殺，修十善業……受持三歸，具足眾戒，
不犯威儀…深信因果，讀誦大乘」。[85]
——「大勢至菩薩念佛圓通章」云：如子憶母（故常思積善）。

4、與《普賢行願品》會通

「菩薩如是所修迴向……無有窮盡，念念相續，無有間斷，身語意業，

---

[80] 詳《佛說觀無量壽佛經》。《大正藏》第十二冊頁 343 中。
[81] 詳《佛說觀無量壽佛經》。《大正藏》第十二冊頁 343 上。
[82] 詳《佛說觀無量壽佛經》。《大正藏》第十二冊頁 343 上。
[83] 詳《佛說觀無量壽佛經》。《大正藏》第十二冊頁 341 下。
[84] 詳《佛說觀無量壽佛經》。《大正藏》第十二冊頁 341 下。
[85] 詳《大正藏》第十二冊頁 341 下。

無有疲厭」。[86]

——「大勢至菩薩念佛圓通章」云：淨念相繼。

「一剎那中，即得往生極樂世界，到已即見阿彌陀佛」。[87]

「願我離欲命終時，盡除一切諸障礙，面見彼佛阿彌陀，即得往生安樂剎」。[88]

「此人不久當成就，如彼普賢菩薩行」。[89]

「速見如來無量光，具此普賢最勝願」。[90]

——「大勢至菩薩念佛圓通章」云：憶佛念佛，現前當來，必定見佛。

「一切如來有長子，彼名號曰普賢尊，我今迴向諸善根，願諸智行悉同彼」。[91]

「願身口意恒清淨，諸行剎土亦復然，如是智慧號普賢，願我與彼皆同等」。[92]

——「大勢至菩薩念佛圓通章」云：十方如來，憐念眾生，如母憶子，
　　　　　　　　　　　　　　　　　如子憶母。

「我既往生彼國已（念佛迴西方之行），現前成就此大願，一切圓滿盡無餘，利樂一切眾生界（攝念佛人歸淨土）。彼佛眾會咸清淨，我時於勝蓮華生，親睹如來無量光（現前當來見佛），現前授我菩提記。蒙彼如來授記已，

---

[86] 詳《大方廣佛華嚴經·卷四十》。《大正藏》第十冊頁 846 中。
[87] 詳《大方廣佛華嚴經·卷四十》。《大正藏》第十冊頁 846 下。
[88] 詳《大方廣佛華嚴經·卷四十》。《大正藏》第十冊頁 848 上。
[89] 詳《大方廣佛華嚴經·卷四十》。《大正藏》第十冊頁 848 上。
[90] 詳《大方廣佛華嚴經·卷四十》。《大正藏》第十冊頁 848 上。
[91] 詳《大方廣佛華嚴經·卷四十》。《大正藏》第十冊頁 847 下。
[92] 詳《大方廣佛華嚴經·卷四十》。《大正藏》第十冊頁 847 下。

化身無數百俱胝，智力廣大遍十方，普利一切眾生界（攝念佛人歸淨土）。

「我此普賢殊勝行（念佛迴西方之行），無邊勝福皆迴向，普願沉溺諸眾生，速往無量光佛剎（攝念佛人歸淨土）。[93]

──「大勢至菩薩念佛圓通章」云：我本因地，以念佛心，入無生忍。

　　　　　　　　　　今於此界，攝念佛人，歸於淨土。

「即常遠離惡知識，永離一切諸惡道」。[94]

──「大勢至菩薩念佛圓通章」云：如子憶母，則不造惡，遠離惡知識。

　　　　　　　　　　（若是五逆之子，何能憶母呢？）

5、與《法華經》會通

「於諸如來起慈父想、於諸菩薩起大師想」。[95]

──「大勢至菩薩念佛圓通章」云：十方如來，憐念眾生，如母憶子，

　　　　　　　　　　　　如子憶母。二憶念深。

「今此三界，皆是我有，其中眾生，悉是吾子。而今此處，多諸患難，唯我一人，能為救護」。[96]

「汝諸人等，皆是吾子，我則是父」。[97]

──「大勢至菩薩念佛圓通章」云：如母憶子。攝念佛人歸於淨土。

93　詳《大方廣佛華嚴經・卷四十》。《大正藏》第十冊頁 848 上。
94　詳《大方廣佛華嚴經・卷四十》。《大正藏》第十冊頁 848 上。
95　詳《妙法蓮華經・卷五》。《大正藏》第九冊頁 38 中。
96　詳《妙法蓮華經・卷二》。《大正藏》第九冊頁 14 下。又《涅槃經・卷十》云：
　　「如來常為一切眾生說作父母」。《涅槃經・卷十五》又云：「善男子！慈者能為
　　一切眾生而作父母，父母即慈，慈即如來」。詳《大正藏》第十二冊頁 423 下、頁
　　456 中。
97　詳《妙法蓮華經・卷二》。《大正藏》第九冊頁 15 上。

「菩薩摩訶薩不親近國王、王子、大臣、官長，不親近諸外道梵志、尼
捷子等，及造世俗文筆、讚詠外書，及路伽耶陀、逆路伽耶陀者」。
「亦不親近諸有兇戲、相扠相撲，及那羅等種種變現之戲；又不親近旃
陀羅，及畜豬羊鷄狗，畋獵漁捕諸惡律儀」。
「不親近求聲聞比丘、比丘尼、優婆塞、優婆夷，亦不問訊」。
「亦復不近五種不男之人以為親厚，不獨入他家，若有因緣須獨入時，
但一心念佛。若為女人說法，不露齒笑，不現胸臆，乃至為法猶不親
厚，況復餘事。不樂畜年少弟子、沙彌、小兒，亦不樂與同師」。[98]
——「大勢至菩薩念佛圓通章」云：如染香人，身有香氣。

（三）印光大師

　　印光大師是民國初年第一位將《楞嚴經》納入淨土五經的人。大師
說：「《楞嚴經》『大勢至念佛圓通章』，實為念佛最妙開示。眾生果能都攝
六根，淨念相繼以念，豈有不現前當來必定見佛，近證圓通，遠成佛道
哉？故將此經列於三經之後」。[99]又說：「諸大乘經，經經皆令諸眾生直成
佛道，但恨人之不誠心念誦，致不得其全益耳。《楞嚴》五卷末『大勢至
菩薩章』，乃淨宗最上開示，祇此一章，便可與淨土四經參而為五，豈有
文長之畏哉」！[100]又跟據筆者統計印光大師文鈔中曾提及大勢至菩薩念
佛圓通章之「都攝六根、淨念相繼」的開示，至少出現過四十次以上。可
見大師一生重視、提倡《楞嚴經》「大勢至念佛圓通章」的用心。

---

[98] 以上諸經文詳見《妙法蓮華經·卷五》。《大正藏》第九冊頁37上。
[99] 《印光法師文鈔續編下冊》頁290。淨土五經重刊序。
[100] 《印光法師文鈔·上冊》頁85。復永嘉某居士書四。

大師除了介紹專修「**大勢至章**」外，同時也常向人推薦研讀《楞嚴經》的參考書目。大師對《楞嚴經》註疏的開示首推明・蕅益大師的《楞嚴經文句》，其次是清・通理大師的《楞嚴經指掌疏》和清・劉道開的《楞嚴經貫攝》。大師說：

> 《楞嚴》大義，當推《楞嚴文句》為第一，其釋文則《楞嚴指掌》
>   為第一。[101]
> 欲看《楞嚴》大意，須推《文句》，註釋詳細則唯《指掌》。[102]
> 《楞嚴貫攝》頗明了，然釋文最易明了者莫如《指掌》，但《指掌》
>   大關節，多有與文句不合處，是在各人善會耳。[103]

大師對《楞嚴經》的重視可從下面幾段開示看得出來：

> 《楞嚴》有何不可研究？但須以淨土為主，則一切經皆發明淨土利益
> 經也。《楞嚴》開首徵心如是難，則知末世眾生猶欲以研究了事者，
> 其為自誤誤人大矣。而況二十五圓通，列勢至於觀音之前，其主持
> 淨土也大矣……《楞嚴》一經，實為弘淨土之妙經，然未知淨土法
> 門者，每每因《楞嚴》而反藐視淨土法門，所謂仁者見仁，智者見
> 智，由己未具正眼，故以己意會經意之所致也。[104]

> 《大佛頂首楞嚴經》者，乃三世諸佛圓滿菩提之密因，一切菩薩趣向
> 覺道之妙行，故名之為首楞嚴也……又以二十五聖，於二十五法，

---

[101] 《印光法師文鈔三編下・卷三》頁678。復鄭慧洪居士書三。
[102] 《印光法師文鈔三編上・卷一》頁252。復慧清居士書。
[103] 《印光法師文鈔三編下・卷四》頁985。復周群錚居士書。
[104] 《印光法師文鈔三編下・卷四》頁985。復周群錚居士書。

各證圓通，以實其經。此經為對阿難多聞，及娑婆聞性最利之機，故文殊選擇，唯取觀音。而淨土念佛法門，普逗十方三世一切眾生之機，故列於彌勒之後，觀音之前，以密示其普逗群機之意。否則當列於虛空藏之後，彌勒之前矣……果能具真信切願，如子憶母，都攝六根，淨念相繼而念。即是以勢至反念念自性，觀音反聞聞自性，兩重工夫，融於一心，念如來萬德洪名，久而久之，則即眾生業識心，成如來祕密藏。[105]

《楞嚴》一經，實為『念實相佛』之最切要法。然又為持名念佛，決志求生極樂，無上大教！何以言之？最初徵心辨見，唯恐以妄為真，錯認消息。迨其悟後，則示以陰、入、界、大，皆如來藏妙真如性。乃知法法頭頭，咸屬實相。既悟實相，則覓陰、入、界、大之相，了無可得，而亦不妨陰、入、界、大行布羅列。所示二十五圓通，除勢至圓通，正屬持名，兼餘三種念佛之外，餘者總為「念實相佛」法門。以致七趣因果，四聖階位，五陰魔境，無非顯示於實相理，順背迷悟之所以耳。如是『念實相佛』，說之似易，修之證之，實為難中之難。非再來大士，孰能即生親證？以此之難，固為持名念佛之一格量勸贊。了此而猶欲仗自力以斷惑證真，復本心性，不肯生信發願，執持佛號，求生西方者，無有是處。以實相偏一切法，持名一法，乃即事即理，即淺即深，即修即性，即凡心而佛心之一大法門也。于持名識其當體實相，則其益宏深。外持名而專修實相，萬中亦難得一二實證者……是知實相之理，不可不知。息心研究《楞嚴》，則凡聖因果迷悟修證之若事若理，明如觀火。而自力佛力，持名實相之利益大小，亦明若觀火。固當若自若他，皆期以即持名而

---

[105]《印光法師文鈔續編·下冊》頁 298—300。《大佛頂首楞嚴經》楷書以供眾讀誦序。

實相。決不致以好高務勝，離持名以修實相。致使徒有修心，而無證果也。[106]

欲作大通家，須從通途佛學而論。則《起信論》、《楞嚴經》最為切要，當專攻之，以為自利利人，上求下化之本。[107]

《楞嚴》一經，不知淨土者讀之，則為破淨土之勳。知淨土者讀之，則為宏淨土之善導。何以言之？以自力悟道之難，淨土往生之易。十法界因果，一一分明，若不仗佛力，雖陰破一、二，尚或著魔發狂，為地獄種子。而且二十四圓通之工夫，今人誰能修習？唯「如子憶母」之念佛，凡有心者，皆堪奉行，但得「淨念相繼」，自可親證三摩。知好歹者讀之，其肯唯主自力，不仗佛力乎？不知好歹者反是，以其止欲為通家，無心了生死耳。[108]

　　筆者認為印光大師直把《楞嚴經》提昇為淨土之「第五經」，且亦打破「禪淨」界限，倡導「反念念自性，性成無上道」的「即淨即禪」，[109]也將一向為「禪宗、天台宗」所主導的《楞嚴經》轉為淨土宗的「無上大法」。果能「都攝六根、淨念相繼」則決定「萬修萬人去」！[110]上面所引的文章開示，純粹只是在「徵引」並未加以討論，其中相關於「大勢至」部份將在「第三章」中再詳細分析歸納。

---

[106] 《印光法師文鈔‧上冊》頁 164—165。復吳希真居士書二。

[107] 《印光法師文鈔‧上冊》頁 146—147。復汪夢松居士書。

[108] 《印光法師文鈔‧上冊》頁 208—209。復永嘉某居士書七。

[109] 「即淨即禪」引用自元‧普度編《廬山蓮宗寶鑑》之語。詳《大正藏》第四十七冊頁 303 上。

[110] 「萬修萬人去」引用元‧天如則《淨土或問》之語。詳《大正藏》第四十七冊頁 292 中。

　　底下介紹印光大師所獨創了「十念法門」，這「十念法門」最早是根據《觀無量壽經》的經文來的，經云：「汝若不能念彼佛者，應稱歸命無量壽佛，如是至心令聲不絕，具足十念稱南無阿彌陀佛，稱佛名故，於念念中，除八十億劫生死之罪」[111]。後來淨宗祖師（包括日本）對「十念法門」皆做了種種不同的發揮，甚至互相非議。其實不管「十念往生」或「一念往生」，這在經論上都是有依據的。《安樂集·卷上》云：「一切眾生在生死中，念佛之心，亦復如是，但能繫念不止，定生佛前」[112]、《觀無量壽佛經疏》云：「善心相續至於十念，或一念成就，即得往生」[113]、《念佛三昧寶王論·卷中》云：「一念往生，住不退地，此為正也」[114]……等，彌陀的大願是無所不攝的。蕅益大師之《彌陀要解》亦開示說：「若信願堅固，縱使臨終十念一念，亦決得生。若無信願，縱將名號持至風吹不入，雨打不溼，如牆鐵壁相似，亦無得生之理，修淨業者，不可不知也」。[115]下面例舉印光大師從「都攝六根、淨念相繼」句所發明的「十念法門」：

　　至於念佛，心難歸一，當攝心切念，自能歸一。攝心之去，莫先於至誠懇切，心不至誠，欲攝莫由，既至誠已，猶未純一。當攝耳諦聽，無論出聲默念，皆須念從心起，聲從口出，音從耳入，（默念雖不動口，然意地之中，亦仍有口念之相），心口念得清清楚楚，耳根聽得清清楚楚，如是攝心，妄念自息矣。如或猶湧妄波，即用十念記數，則全心力量，施於一聲佛號，雖欲起妄，力不暇及，此攝心念佛之究竟妙法……

---

[111] 詳《大正藏》第十二冊頁 346 上。
[112] 詳《大正藏》第四十七冊頁 5 中。
[113] 詳《大正藏》第三十七冊頁 194 中。
[114] 詳《大正藏》第四十七冊頁 138 下。
[115] 詳《大正藏》第三十七冊頁 371 上。

所謂十念記數者，當念佛時，從一句至十句，須念得分明，仍須記得分明，至十句已，又須從一句至十句念，不可二十、三十，隨念隨記，不可掐珠，唯憑一心記。若十句直記為難，或分為兩氣，則從一至五，從六至十，若又費力，當從一至三，從四至六，從七至十，作三氣念，念得清楚，記得清楚，聽得清楚，妄念無處著腳，一心不亂，久當自得耳，須知此之十念與晨朝十念，攝妄則同，用功大異。晨朝十念，儘一口氣為一念，不論佛數多少，此以一句佛為一念，彼唯晨朝十念則可，若二十、三十，則傷氣成病。此則念一句佛，心知一句，念十句佛，心知十句，從一至十，從一至十，縱日念數萬，皆如是記。不但去妄，最能養神，隨快隨慢，了無滯礙，從朝至暮，無不相宜，較彼掐珠記數者，利益天殊，彼則身勞而神動，此則身逸而心安，但作事時，或難記數，則懇切直念，作事既了，仍復攝心記數，則憧憧往來者，朋從於專注一境之佛號中矣！<u>大勢至</u>謂「都攝六根，淨念相繼，得三摩地，斯為第一」，利根則不須論，若吾輩之鈍根，捨此「十念記數」之法，欲「都攝六根，淨念相繼」，大難大難！又須知此攝心念佛之法，乃即淺即深，即小即大之不思議法。[116]

　　大師對他發明的這種「都攝六根、淨念相繼」的「十念法門」稱道：「在昔宏淨土者，尚未談及，以人根尚利，不須如此便能歸一故耳。<u>印光</u>以心難調伏，方識此法之妙，蓋屢試屢驗，非率爾臆說。願與天下後世鈍根者共之，令萬修萬人去耳」。[117]若能遵照「十念法門」修淨土，則離「萬修萬人去」不遠矣！

---

[116] 《印光法師文鈔·上冊》頁43—44。復<u>高邵麟</u>書四。
[117] 《印光法師文鈔·上冊》頁43。復<u>高邵麟</u>書四。

（四） 虛雲大師

　　虛雲老和尚一生對《楞嚴經》的重視已不在話下，他老人家對「念佛圓通章」究抱何著觀點？以一位大徹大悟的大禪師對「念佛法門」是否與淨宗祖師看法相異？這小節將討論虛雲大師與「大勢至菩薩念佛圓通章」的因緣。

　　虛老提及「大勢至念佛圓通章」的記載曾於「答蔣公法書」中云：「持名念佛，則重他力自作相應，如《楞嚴經·大勢至圓通章》云……」[118]和民國三十二年在重慶寺慈雲寺的開示，[119]如說：「念佛的人亦應了解『大勢至菩薩念佛圓通章』，要認識自性淨土，捨妄歸真，勿得向外別求。如果我們能體會到這種真理，隨他說禪也好，淨也好。說東方也去得，說西方也去得，乃至說有也可，說無也可。到這時，一色一香無非中道了義。個性彌陀，唯心淨土，當下即是，那有許多葛藤」。[120]大師是有偏向於「唯心淨土」的傾向，這跟他老人家濃厚的禪修思想有關係，大師認為禪與淨是一不是二，如云：「法法本來可以互相，圓融無礙的，譬如念佛到一心不亂，何嘗不是參禪？參禪參到能所雙忘，又何嘗不是念實相佛。禪者，淨中之禪；淨者，禪中之淨。禪與淨本相輔而行」。[121]如果從末法根機上來說，虛老以「無宗門」之見的說：禪淨一樣重要，二法皆適末法根機。

　　二十五位聖賢因地，雖有不同。修悟並無優劣，不過現在時機，發

---

[118] 詳「答蔣公問法書」一文，參《虛雲老和尚年譜法彙增訂本》頁 149。
[119] 詳《虛雲老和尚年譜法彙增訂本》頁 600。
[120] 詳《虛雲老和尚年譜法彙增訂本》頁 218。
[121] 詳《虛雲老和尚年譜法彙增訂本》頁 626。

心初學，似以第二十四之<u>大勢至菩薩</u>及第二十五之<u>觀世音菩薩</u>，二種用功方法或更相宜。<u>觀世音菩薩</u>於<u>阿彌陀佛</u>退位時補佛位，而<u>大勢至菩薩</u>則候<u>觀世音菩薩</u>退位時補佛位。<u>大勢至菩薩</u>以念佛圓通，吾人學習應念<u>阿彌陀佛</u>，都攝六根，淨念相繼，得三摩地。因「十方如來，憐念眾生，如母憶子，若子逃逝，雖憶何為。子若憶母，如母憶時，母子歷生，不相違遠。若眾生心，憶佛念佛，現前當來，必定見佛。[122]

然而這兩種法究竟應該如何決擇呢？<u>虛老</u>時而指示「禪淨雙修」，時而又說若不是「參禪」的料子，就專修「念佛三昧」法，如往年<u>上海</u>某君在<u>香港</u>謁見<u>虛公</u>；詢及用功法門於「禪淨」二者如何選擇？<u>虛老</u>答言：「汝自審果能處煩惱而不亂，住禪定而不寂，則可以參禪。若未能做到，則當一心念佛」[123]、「居士徘徊於禪淨之間，則何妨合禪淨而雙修？於動散之時，則持名念佛，靜坐之際，則一心參究念佛是誰。如斯二者，豈不兩全其美」！[124]有人曾問<u>虛老</u>「參禪」與「念佛」同否？<u>虛老</u>則以偈說曰：

佛說一切法，莫非表顯心，安得禪淨門，妄自別淺深。一稱南無佛，心光自發宣，了此話頭源，當下達本宗。識茲佛來去，參禪證無生，動靜是如如，淨土即此間。[125]

禪宗雖一超直入，非上根利智不能修。末法眾生，障深慧淺，惟依持名念佛法門得了生死，往生<u>極樂國土</u>。初入手與禪是二，及其成

---

[122] 詳《虛雲老和尚年譜法彙增訂本》頁 600。
[123] 詳《虛雲老和尚年譜法彙增訂本》頁 1063。
[124] 詳「致<u>馬來亞</u> <u>劉寬正</u>居士涵三則之一」一文。參《虛雲老和尚年譜法彙增訂本》頁 679。
[125] 詳「<u>揚州</u> <u>鄧契一</u>居士問念佛」一文。參《虛雲老和尚年譜法彙增訂本》頁 688。

功，二而不二。惟念佛須攝心觀照，句句落堂，「落堂」者，著實之謂也，句句著實，念念相應，久之自成一片，由事一心而至理一心，能所兩忘，自他不二，與參禪有何差別？故經云：若人但念阿彌陀，是為無上深妙禪。[126]

　　從上述兩段話可看出大師不是一位非得要「修禪」；或非得一定要「修淨」不可，還是「應病與藥」；適合「純禪修」的則勉之；適合「禪淨雙修」的亦勉之；適合「純淨土」的亦勉之。大師對「禪與淨」之爭曾有過不客氣的話說：「我平生沒有勸過一個人不要念佛，只不滿別人勸人不要參禪，每念《楞嚴》所指『邪師說法，如恆河沙』而痛心」。[127]

　　虛雲大師雖每每強調禪淨不二，但他老人家也不時透露出「淨土」法門的殊勝，也就是「禪」雖高雖妙，但卻不容易把握住。「淨」卻是人人可修，萬修萬人去，如云：「參禪念佛持咒等一切法門，皆教眾生破除妄念，顯自本心，佛法無高下，根機有利鈍。其中以念佛法門比較最為方便穩妥。居士受持《佛說阿彌陀佛經》，熟覽《印光法師文鈔》，若能依而行之，則淨土現成，萬修萬去」！[128]大師也有很多專門「勸念佛」的開示，如云：

偈云「莫待老來方念佛，古墳多是少年人」。所以少者當念佛也。無論男身女身，內具貪瞋癡，外緣殺盜婬，若不修省，未免沈墜。況不信因果罪福，不達三藏經文，若不修省，三途難免。所以大道不分男女相，菩薩曾現女人身，是男是女，不可不念佛也……不論男

[126] 詳《虛雲老和尚年譜法彙增訂本》頁232。
[127] 詳《虛雲老和尚年譜法彙增訂本》頁413。
[128] 詳「復星洲 卓義成居士」一文。參《虛雲老和尚年譜法彙增訂本》頁680。

女智愚之人，只要急早精誠念佛，自然滅罪消愆……惟願由一家之
人信佛，更能勸一鄉之人念佛。一國之人多信佛，更可勸盡大地之
人念佛。深望同志之倫，切切「回心念佛」，不作無益害有益也。[129]

念佛對於修心有莫大之功，且「持名念佛」，不過方便初機之簡捷法
門，更有「觀像念佛、觀想念佛、實相念佛」等法門，淨土自有無窮
妙用者，人自不會耳，豈迷信哉？[130]

甚至虛雲大師到了印光大師的「追思圓寂紀念會」上亦公開提倡念
佛，勸大家跟隨印光大師「持名念佛」，云：「我勸大眾，要堅信淨土法門
的利益，隨印光老法師學『老實念佛』，立堅固心，以西方淨土為終身大
事。參禪與念佛在初發心的人看來是兩件事，在久修的人看來是一件
事……我希望大家以一句佛號為自己一生的依靠，老老實實念下去」。[131]
足見虛老「心包各宗」的胸懷！

虛老雖勸「念佛」，然而究竟是如何的「念法」？其實跟大勢至菩薩「念
佛圓通章」中的「都攝六根，淨念相繼」是一樣的。如云：「靜坐不過是教
行人返觀自性的一種方便方法。簡言其要，則在于繫念一句佛號（或阿彌
陀佛、或觀世音菩薩皆可）。心心相契，念念相續，由心而出，從耳而入，
莫令間斷。果能如斯，則更無餘緣雜入矣。若能久久不退，彌勤彌專，
轉持轉切，不分行住坐臥，豈覺動靜閒忙，便可一直到家，永生安養」

---

[129] 詳「因博奕有感寄勸念佛」一文。參《虛雲老和尚年譜法彙增訂本》頁776—777。

[130] 詳《虛雲老和尚年譜法彙增訂本》頁144。

[131] 印光大師生西十二週年紀念，虛老開示「老實念佛」。詳《虛雲老和尚年譜法彙增訂本》頁218—220。

[132]、「能一念專念觀音聖號，淨念相續，便是放下第一法」。[133]大師認為「念佛」乃由「心」來繫念，由「心」而出，由「耳」而入，即出即入，即入即出，[134]非心非耳，心耳雙忘，[135]此正是結合印光大師的「反念念自性，性成無上道」之妙法，關於這個妙法留至「第三章」再作詳述。

虛老也多勸以「念佛是誰」為禪機的參話頭，如云：「話頭很多，如『萬法歸一，一歸何處』、『父母未生前，如何是我本來面目』等等，但以『念佛是誰』為最普通。什麼叫話頭，『話』就是說話，『頭』就是說話之前。如念『阿彌陀佛』是句話，未念之前，就是話頭。所謂話頭，即是一念未生之際，一念纔生，已成話尾，這一念未生之際，叫做『不生』，不掉舉、不昏沈、不著靜、不落空，叫做『不滅』。時時刻刻，單單的的，一念迴光返照，這『不生不滅』就叫做看話頭，或照顧話頭」。[136]從這些開示，我們大致可看出虛老雖主於「禪宗」，但卻仍不捨「念佛」法門，對根機深淺而與不同的法藥開示，乃至他老人家在南華寺禪堂外別立「念佛堂」，專修淨土，[137]也常做「念佛詩」，如：

念佛佛念我，念他作什麼。唯心原淨土，自性即彌陀。
佛我本無二，念茲是在茲，昔流生死海，歷劫不歸依。

---

[132] 詳「復星洲 卓義成居士」一文。參《虛雲老和尚年譜法彙增訂本》頁 680。

[133] 詳「致馬來亞 劉寬正居士涵三則之二」一文。參《虛雲老和尚年譜法彙增訂本》頁 679。

[134] 「即出即入，即入即出」之話引自明‧智旭註《梵網經合註‧卷二》。詳《卍續藏》第三十八冊頁 640 上。

[135] 據清‧妙空子撰《蓮邦消息》云：「舌根運出，耳根運入，非舌非耳，即出即入」。本文借此改做「非心非耳，心耳雙忘」。詳《卍續藏》第六十二冊頁 524 上。

[136] 詳《虛雲老和尚年譜法彙增訂本》頁 640。

[137] 詳《虛雲老和尚年譜法彙增訂本》頁 232。

從今雲霧盡，何曾有一絲，住亦無所住，無住復何為。[138]

人人念佛皆成佛，動靜閒忙莫變差。
念到一心不亂處，眾生家是法王家。[139]

彌陀一念掛心頭，四色蓮花湧作洲。
七寶地成塵穢絕，一身歸計去來休。
居同善友開因地，佛亦凡夫到聖流。
汝自迴光一返照，誕登彼岸有慈舟。[140]

彌陀自性本天然，向外何勞更覓玄。
欲識入纏垂手處，毫光常在指頭尖。[141]

不落祖機，不墮佛位。不中不邊，無同無異。左之右之，出類拔萃。
一句彌陀，念念三昧。識與不識，有如是義。咦！了得人間閒歲月，
此心真到如來地。[142]

「皮袋歌」云：沒寒暑，無間斷，始終如一念阿彌。不昏沈，不散亂，
松柏青青後凋期……念彌陀，了生死，多多快活誰得似。學參禪，
得宗旨，無限精神祇這是……（詩最後一句明顯的說）速修行，猛精進，
種下菩提是正因，九品蓮生有佛證，彌陀接引到西方。放下皮袋超

---

[138] 詳「偶拈」一文。參《虛雲老和尚年譜法彙增訂本》頁 839。
[139] 詳「示林光前寬耀居士」一文。參《虛雲老和尚年譜法彙增訂本》頁 851。
[140] 詳「贈蕭雪滄居士」一文。參《虛雲老和尚年譜法彙增訂本》頁 898。
[141] 詳「接引佛像讚」一文。參《虛雲老和尚年譜法彙增訂本》頁 899。
[142] 詳「鼎峰和尚讚」一文。參《虛雲老和尚年譜法彙增訂本》頁 902—903。

上乘，皮袋歌，請君聽！[143]

如果從虛老晚年（指百歲左告）所做的「詩詞」內容包看；似乎都透出他老人家晚年「猶念佛也」！如云：

百年大事都如夢，一覺春光九十年。
此日翻身歸覺位，西方直指示前緣。
信知淨業成家業，即在人天入佛天。
子職若能全孝德，為親當植火中蓮。[144]

山寺難邀長者車，何時枉駕過幽居。
感君鼎力為屏翰，羨子心田勝美畬。
喜有新詩輝斗室，愧無白犬報音書。
問予鎮日渾何事，一句彌陀萬慮舒」。[145]

（有人問虛老整日在作什？虛老答：「一句彌陀萬慮舒」，可見虛老是在念佛）。

虛老一生的《年譜》自述和後人整理的開示錄《法語》，以一位活了一百二十歲的老禪師來說，份量實在不多，我們無法從現留下的《年譜》和《法語》中得到更進一步的完整開示；而且虛老一生的佛學著作，如《楞嚴經玄要》、《法華經略疏》、《遺教經註釋》、《圓覺經玄義》、《心經解》……等也都於「雲南事變」中散逸。[146]這是眾生福薄所致。如果虛老一生的開示與其著作都完整保留下來，想必是第二位的《蕅益大師全集》

---

[143] 詳《虛雲老和尚年譜法彙增訂本》頁 836—837。
[144] 詳《虛雲老和尚年譜法彙增訂本》頁 883。
[145] 詳「和許堅白居士原韻」一文。參《虛雲老和尚年譜法彙增訂本》頁 885。
[146] 詳《虛雲老和尚年譜法彙增訂本》頁 473。

吧！所以限於虛老的現存資料，此節僅能將虛老一生的「禪淨」思想略作介紹，[147]大致揣摸其思想之一二，雖不中亦應是不遠矣！

---

[147] 近年來研究虛雲老和尚的論文很多，可參考林娟蒂碩士論文「試探虛雲和尚看話禪之特色──以『一念未生』為中心」。蔡震勳（釋智梵）碩士論文「虛雲禪師的思想研究」。林培聖碩士論文「虛雲法師的禪法及其影響」。陳育民碩士論文「虛雲禪師（1840？～1959）與近代中國佛教」。

第二節　四處宣極樂淨土

　　《楞嚴經》有四處宣揚「淨土」的經文資料，以下四處之說詳於《徹悟禪師語錄·卷下》，《卍續藏》第一〇九冊頁 780 上─下。

（一）　大 勢 至 章

　　「大勢至菩薩念佛圓通章」是《楞嚴經》唯一詳論「淨土」的經文，在此先就其經文所指的「五十二菩薩」做探討。經文云：「**大勢至法王子，與其同倫，五十二菩薩，即從座起⋯⋯彼佛教我，念佛三昧**」。經文中「同倫」的意思有二種：一是指「同修」，一是指「同化」。[148]「同修」是說恒河沙劫有同修「念佛三昧」的「五十二位菩薩」。「同化」是指今在娑婆世界一同攝「念佛眾生」歸於淨土。「同修」有深淺階位的不同，計有五十二階位的菩薩皆同修「念佛三昧」法門；「同化」亦有示現上的不同，即「五十二階位菩薩」同勸化娑婆眾生「歸於淨土」。這樣的解釋亦詳見於明·戒潤大師《楞嚴貫珠》云：「**五十二菩薩得念佛三昧者**」[149]、明·正相大師《楞嚴經勢至圓通章科解》云：「**此經祇桓精舍所說，楞嚴會上有十萬恆河沙數菩薩，但敘五十二位者同念佛證圓通也**」[150]、清·續法大師《楞嚴經勢至圓通章疏鈔·卷上》云：「**五十二者，數也。表勢至念佛一門能攝信等五十二位諸法行故**」[151]等。

　　大乘菩薩之五十二種階位為「十信、十住、十行、十迴向、十地、

---

[148] 此語取自清·通理大師之《楞嚴經指掌疏·卷五》，詳《卍續藏》第二十四冊頁 504 下。

[149] 《楞嚴貫珠》頁 510。

[150] 詳《卍續藏》第二十四冊頁 885 上。

[151] 詳《卍續藏》第二十四冊頁 902 下。

等覺、妙覺」，此菩薩之階位在諸經論中都略有出入，諸如《華嚴經》說「十住、十行、十迴向、十地、佛地」等四十一位。《仁王經・卷上菩薩教化品》說「十善、三賢三十心、十地、佛地」等五十一位。《菩薩瓔珞本業經》則舉前位「十信」與「四十二賢聖位」，稱為「十信心、十心住、十行心、十迴向心、十地心、入法界心、寂滅心」。《楞嚴經・卷八》更於「十信」之前說「乾慧地」，於「十迴向」之後加「煖、頂、忍、世第一法」等四善根，合為五十七階位。《梵網經》說「十發趣、十長養、十金剛、十地」等四十位。《成唯識論》說「資糧位、加行位、通達位、修習位、究竟位」等五位。《攝大乘論》說「願樂行地、見道、修道、究竟道」等四位。《菩薩地持經》說「十五住」等。其中以《瓔珞經》所舉之「五十二位」名義最足，位次無缺，故自古廣為大乘諸家所採用，其名數為：

❶十信心，即「信心、念心、精進心、慧心、定心、不退心、迴向心、護法心、戒心、願心」。

❷十心住，即「發心住、治地心住、修行心住、生貴心住、方便心住、正心住、不退心住、童真心住、法王子心住、灌頂心住」。——習種性。

❸十行心，即「歡喜心行、饒益心行、無瞋恨心行、無盡心行、離癡亂心行、善現心行、無著心行、尊重心行、善法心行、真實心行」。——性種性。

❹十迴向心，即「救護一切眾生離相迴向心、不壞迴向心、等一切佛迴向心、至一切處迴向心、無盡功德藏迴向心、隨順平等善根迴向心、隨順等觀一切眾生迴向心、如相迴向心、無縛解脫迴向心、法界無量迴向心」。——道種性。

❺十地心，即「四無量心、十善心、明光心、焰慧心、大勝心、現前心、無生心、不思議心、慧光心、受位心」。——聖種性。

❻第四十一地之心稱為入「法界心」，即為「等覺」。——等覺性。

❼第四十二地之心稱為「寂滅心」，即為「妙覺」。──**妙覺性**。

這「五十二階位菩薩」皆修「念佛三昧」法門成就，故念佛一法是超凡入聖之最勝法門，清‧**續法**大師就將「五十二階位」總攝歸於「念佛法門」，整理如下：[152]

信佛是心、信心作佛 ──────▶即攝**十信**法行。
住在三昧，觀佛實相 ──────▶即攝**十住**法行。
行念佛行，度念佛人 ──────▶即攝**十行**法行。
回念佛心，向佛心住 ──────▶即攝**十向**法行。
心地觀佛，地如佛地 ──────▶即攝**十地**法行。
憶佛念佛，去佛不遠 ──────▶即攝**等覺**法行。
心想佛時，是心即佛 ──────▶即攝**妙覺**法行。

由此可清楚的看出「念佛法門」攝受眾生之廣，故與其「同倫」的「五十二位菩薩」皆修「念佛法門」成就，正如《大乘入楞伽經》上說的：「十方諸剎土，眾生菩薩中。法身及報身，化身及變化，皆從**無量壽**，**極樂**國中出」！[153]

（二）乾慧初地

《楞嚴經‧卷八》云：「阿難！是善男子，欲愛乾枯，根境不偶。現前殘質，不復續生。執心虛明，純是智慧。慧性明圓，鎣十方界。乾

───────────────

[152] 參見《卍續藏》第二十四冊頁 903 下。
[153] 詳《大正藏》第十六冊頁 627 中。

有其慧，名乾慧地。欲習初乾，未與如來法流水接」。[154]「乾慧地」（śukla-vidarśanā-bhūmi）即指菩薩修行階位中，「三乘共十地」之第一地。此「乾慧地」有慧而無定，相當於「聲聞」之「三賢位」，又作「過滅淨地」、「寂然雜見現入地」、「超淨觀地」、「見淨地」……等名。三乘聖人初修「五停心」、「別相念處」、「總相念處」等三觀，雖有「觀慧」，然未全得「真諦」法性理水，故稱為「乾慧地」。諸《楞嚴經》註疏對此「乾慧地」異論頗多（詳於錢謙益《楞嚴經解蒙疏‧卷八之一》），今謹據《大智度論‧卷七十五》載，乾慧地有二種，即❶聲聞：乃獨求涅槃，故勤精進、持戒，或習「觀佛三昧、不淨觀」，或行「慈悲、無常」等觀，集諸善法，捨不善法等。雖有智慧，不得「禪定水」，則不能得道，故稱「乾慧地」。❷菩薩：則為「初發心」，乃至未得「順忍菩薩」地者。[155]所以不論如何定義「乾慧地」之位，他仍就是「已出離三界」的聖人！

　　《楞嚴經》中的「乾慧地」已達「現前殘質，不復續生」，這在天台宗的判教位上是已榮登「五品觀行即」，已圓伏「五住煩惱」，故當捨「穢土」而超生「同居淨土」。根據《天台四教儀》和《天台四教儀集註‧卷下》所載，「天台宗」立「圓教」之行位有八，即「五品弟子位、十信位、十住位、十行位、十迴向位、十地位、等覺位、妙覺位」。前一位（五品弟子位）是依《法華經‧分別功德品》而立，[156]後七位是依《瓔珞經》而立。「五品弟子位」即所謂：

❶「隨喜品」：聞「實相」圓妙之法而信解隨喜，內以「三觀」觀「三諦」之境，外用「懺悔、勸請、隨喜、發願、迴向」等五悔勤加精進。

---

[154] 詳《大正藏》第十九冊頁 142 上。

[155] 原文詳於《大正藏》第二十五冊頁 585 下—586 上。

[156] 詳於《大正藏》第九冊頁 45 中—下。

❷「讀誦品」：信解隨喜，並讀誦講說妙法之經。

❸「說法品」：以正確說法引導他人，更由此功德觀「自心」之修行。

❹「兼行六度品」：觀心之餘，輔修「布施、持戒、忍辱、精進、禪定、智慧」等六度。

❺「正行六度品」：觀心之功夫更進時，自行化他，事理具足，故在此須以「六度」之實踐為主。

　　這「五品位」又相當於「六即位」[157]中的第三「觀行即」（觀行五品位）位。據傳智顗大師嘗稱說自己之證位為「五品弟子位」。[158]所以《楞嚴經》上所說的「現前殘質，不復續生」正是可往生「極樂世界」；並位於「同居淨土」。下面再附上「六即位」與「八位」之簡易圖表：

---

[157] 「六即位」是❶「理即」：謂一切眾生悉住於佛性如來藏之理。❷「名字即」：指聽聞一實菩提之說，而於名字（名言概念）之中通達解了之位。❸「觀行即」：謂既知名字而起觀行，心觀明了，理慧相應之位。此位分隨喜、讀誦、說法、兼行六度、正行六度等五品之深淺次第，稱為五品弟子位。即圓教外凡之位，與別教十信位相同。❹「相似即」：謂止觀愈趨明靜而得六根清淨，斷除見思之惑，制伏無明，相似於真證者。即圓教內凡十信之位，又稱六根清淨位，與別教之三賢位相同。❺「分證即」：又作分真即。謂分斷無明而證中道之位，即由十住、十行、十迴向、十地、等覺等位，漸次破除一品之無明而證得一分之中道者。以上皆為聖位，在別教中，十地相當此中之十住位，等覺位相當十行中之初行，妙覺位相當十行中之第二行，至於圓教十行中第三行以上，在別教則未論及。❻「究竟即」：謂斷除第四十二品之無明，究竟諸法實相之位，此即妙覺位，為圓教究竟之極果。詳於《止觀輔行傳弘決•卷一之五》，詳《大正藏》第四十六冊頁 179 中。

[158] 詳閱蕅益《楞嚴經文句•卷八》，詳《卍續藏》第二十冊頁 682 上。

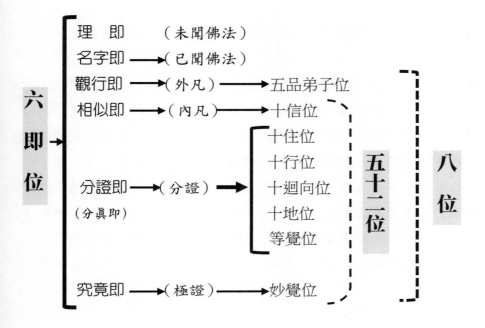

（三） 純想即飛

　　《楞嚴經・卷八》云：「純想即飛，必生天上。若飛心中，兼福兼慧，及與淨願，自然心開，見十方佛，一切淨土，隨願往生」。[159]根據經藏的記載，最早將此段經文視為與「淨土」密切相關的是南宋・宗曉（1151～1214）大師的《樂邦文類・卷一》所引用。[160]這是指修行者若具「十分淨想」，全無雜染「妄情」，則不受「中陰」，即飛「天上」。若此「純想」心中，兼有「佈施」等福德和「般若」等智慧，加上生淨土的「願心」，則飛心中，自然心光開朗，則十方諸佛清淨國土，隨其願心，皆得自由往生一切國土。照經文的說法是：願往生淨土者，必須「無染情」加上「福慧力」與「願力」，方可成就。前面之「乾慧地」猶屬「聖位」，此則屬「薄地凡夫」，

只要有「純想」之心，便「往生」有份，這是<u>彌陀</u>大願力所攝之故。

細看此段經文兼具「福慧雙修」圓滿的淨土思想；透露出往生淨土的條件有三——「純想、福慧、淨願」，這三者缺一不可。以「福慧」為「往生」的條件為《觀無量壽經》所倡導，經云：「未來世一切凡夫欲修淨業者得生西方<u>極樂</u>國土，欲生彼國者，當修三福。一者孝養父母，奉事師長，慈心不殺，修十善業。二者受持三歸，具足眾戒，不犯威儀。三者發菩提心，深信因果讀誦大乘，勸進行者。如此三事名為淨業，佛告<u>韋提希</u>，汝今知不，此三種業乃是過去未來現在，三世諸佛淨業正因」。[161]這三種淨業作為「過去、現在、未來」三世諸佛之「淨業正因」。詳細說，即：

❶「世福」：又作「世善」。為「世俗」本來存在之孝悌忠信等善法，如孝養父母、奉事師長、慈心不殺、修十善業等。

❷「戒福」：又作「戒善」。為「佛出世」所定之戒法，包括「人、天、聲聞、菩薩」所受持之「三歸、五戒」，乃至「具足眾戒，不犯威儀」等。其中或「具受」，或「不具受」；或「具持」，或「不具持」，但皆「迴向」，必能往生。

❸「行福」：又作「行善」。為「凡夫」起大乘心，「自行化他」所具之善根，即發「大菩提心、深信因果、讀誦大乘經典」（開智慧、厭苦欣涅槃）、勸進行者（勸人捨惡，向涅槃道）、發願往生淨土等。

以「純想」為往生之說是《楞嚴經》的重心，「純想」的定義有很多，如能「捨識用根」就是「純想」；能會歸「如來藏性」亦是「純想」；能「捨妄

歸真」亦是「純想」。若據《楞嚴經‧卷八》的經文來看，「純想」指的就是無任何「染情貪愛心」，捨去「貪染婬愛心」。如卷八詳細闡明「情想」多寡所造成的三界六道輪迴，經云：「情多想少，流入橫生，重為毛群，輕為羽族。七情三想，沈下水輪，生於火際，受氣猛火，身為餓鬼，常被焚燒，水能害己，無食無飲，經百千劫。九情一想，下洞火輪，身入風火二交過地，輕生有間，重生無間，二種地獄。純情即沈，入阿鼻獄。若沈心中，有謗大乘，毀佛禁戒，誑妄說法，虛貪信施，濫膺恭敬，五逆十重，更生十方阿鼻地獄」。*162*

　　整理成圖表如下：

---

162 詳《大正藏》第十九冊頁 143 中。

情想有無業報圖

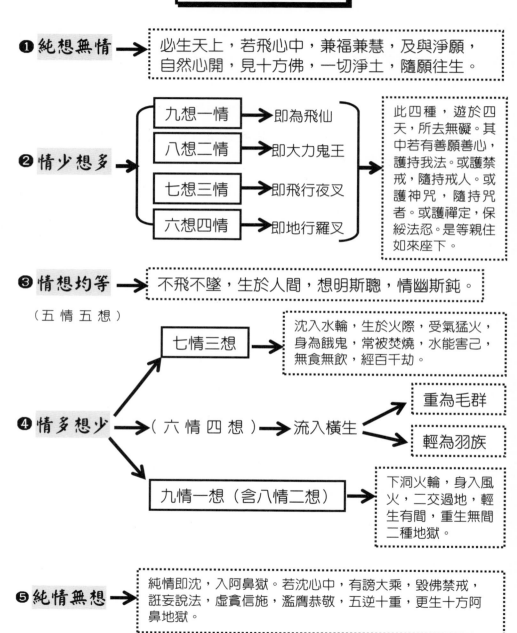

❶ **純想無情** → 必生天上，若飛心中，兼福兼慧，及與淨願，自然心開，見十方佛，一切淨土，隨願往生。

❷ **情少想多** →
- 九想一情 → 即為飛仙
- 八想二情 → 即大力鬼王
- 七想三情 → 即飛行夜叉
- 六想四情 → 即地行羅叉

此四種，遊於四天，所去無礙。其中若有善願善心，護持我法。或護禁戒，隨持戒人。或護神咒，隨持咒者。或護禪定，保綏法忍。是等親住如來座下。

❸ **情想均等** → 不飛不墜，生於人間，想明斯聰，情幽斯鈍。

（五情五想）

❹ **情多想少** →
- 七情三想 → 沈入水輪，生於火際，受氣猛火，身為餓鬼，常被焚燒，水能害己，無食無飲，經百千劫。
- （六情四想）→ 流入橫生
  - 重為毛群
  - 輕為羽族
- 九情一想（含八情二想）→ 下洞火輪，身入風火，二交過地，輕生有間，重生無間二種地獄。

❺ **純情無想** → 純情即沈，入阿鼻獄。若沈心中，有謗大乘，毀佛禁戒，誑妄說法，虛貪信施，濫膺恭敬，五逆十重，更生十方阿鼻地獄。

　　由這圖表可以很清楚的看出「純想」的確是「生淨土」的要門，歷代淨宗祖師開示往生之道亦是勸人要「離染情、去愛心」，如淨土宗第九祖蕅益大師之「戒婬文」云：「不然縱有多智禪定現前，必落魔道，永無出期，翹世智辯聰，曾非大器。隨業直墜，百劫千生，受諸燒煮，尚不成魔，安能成佛？尚失人道，安能往生」？[163]第十祖截流大師云：「今時淨業人，終日念佛懺罪，發願而西方，尚遙往生。弗保者無他，愛樁未拔，情纜猶牢故也……煩惱無盡，而生死根本，則唯貪愛能漂溺行人，障往生法。是故先佛經中，處處訶責，但情愛一分疏淡，則淨業一分成熟，于生死岸頭，庶得解脫也」。[164]第十一祖省庵大師云：「念佛無難事，所難在一心。一心亦無難，難在斷愛根」。[165]第十三祖印光大師亦云：「即念佛法門，雖則帶業往生。然若婬習固結，則便與佛隔，難於感應道交矣」。[166]乃至近代高僧廣欽老和尚云：「如果情執不斷，嘴裡念佛，念念還是墮娑婆，如果懇切至誠，放下萬緣。那麼，一念之間，便能到西方。萬緣牽扯，割捨不下。那麼，百年萬年還是在三界內」[167]……等等。所以如果修「念佛」法門，就算達到「一心不亂」；若還有「婬欲」的念頭就是障礙，絕對不能往生的！

　　「往生」還有一個重要的條件——「淨願」，如《阿彌陀經》所說：「應該發願，生彼國土」、「若有人已發願，今發願，當發願，欲生阿彌陀佛國者，是諸人等，皆得不退轉於阿耨多羅三藐三菩提」。[168]蕅益大師的《彌陀要解》則云：「若無信願，縱將名號持至風吹不入，雨打不濕，如銅牆

---

[163] 詳於《蕅益大師全集》第十七冊頁10860之「戒婬文」。
[164] 參「示耕野居士」一文，詳於《卍續藏經》第一○九冊頁394下—395上。
[165] 詳《卍續藏經》第一○九冊頁604上。
[166] 復甬江某居士書，詳於《印光大師文鈔菁華錄》頁93。
[167] 見《廣欽老和尚事蹟續編》頁32。台北承天禪寺編印。83、3。
[168] 詳《大正藏》第十二冊頁348上。

鐵壁相似，亦無得生之理。修淨業者，不可不知也」及「得生與否，全憑信願之有無；品位高下，全由持名之深淺」。[169]由此可知「淨願」的確比「持名念佛」還重要。蕅益大師的《梵室偶談》又云：「又禪者欲生西方，不必改為念佛。但具信願，則參禪即淨土行也」。[170]所以只要有「信」有「願」，「信願」具足不疑，則「禪、教、律、密」八宗都可往生淨土，這是淨土法門的殊勝處。「執持名號」固然是重點，但「信願」更是往生淨土的不二法門！

（四） 生安樂國

《楞嚴經》卷八經文雖說「一切淨土，隨願往生」，並無說明生到那國去，不過《楞嚴經》到了「卷十」經尾的時候卻透露了「安樂國」極樂世界的字眼，經文云：「若復有人，身具四重十波羅夷，瞬息即經此方他方阿鼻地獄，乃至窮盡十方無間，靡不經歷。能以一念將此法門，於末劫中開示未學。是人罪障，應念銷滅，變其所受地獄苦因，成『安樂國』」。[171]

或有人問「變其所受地獄苦因，成『安樂國』」，非定指為「極樂世界」，且從上下的語氣來說，前文是「地獄苦因」，後文是「成安樂國」，應是指獲得「安樂」的「果報」而言，非專指「極樂世界」也。其實「安樂國」三個字在宋、元、明本中皆同作「安樂國」並無異樣。[172]且「安樂國」三字在經論上都是指稱「極樂世界」，為西方極樂世界之別名，如「安樂國」、「安樂

---

[169] 詳《大正藏》第三十七冊頁 371 上。
[170] 見《蕅益大師淨土集》頁 148。台中蓮社出版。81、11。
[171] 詳《大正藏》第十九冊頁 155 上。
[172] 詳《文殊大藏經·密教部五》之「大佛頂首楞嚴經」頁 518。

世界」、「安樂淨土」等諸稱都同是指「西方極樂世界」。

　　「安樂」二字在早期的《悲華經・卷三》就已出現，云：「是時世界轉名安樂，汝於是時當得作佛號無量壽如來」。[173]《大乘悲分陀利經・卷三》亦云：「彼世界當名安樂，汝無量淨，於中當成阿耨多羅三藐三菩提，名阿彌陀如來」。[174]後來大乘經典《華嚴經》、《大寶積經》也都如是說，如《華嚴經・卷二十九》云：「此娑婆世界釋迦牟尼佛剎一劫，於安樂世界阿彌陀佛剎為一日一夜」。[175]《華嚴經・卷四十六》云：「我若欲見安樂世界無量壽佛，隨意即見」。[176]《華嚴經・卷八十》云：「或見如來無量壽，與諸菩薩授尊記，而成無上大導師，次補住於安樂剎」。[177]《大寶積經・卷十八》云：「若有諸菩薩，志求清淨土，了知法無我，願生安樂國。復次阿難！極樂世界所有菩薩，於無上菩提皆悉安住一生補處」。[178]《大寶積經・卷七十六》云：「得生安樂國，面奉無量壽，住安樂國已，無畏成菩提」。[179]後來《觀世音菩薩授記經》亦直接的說「西方過此億百千剎，有世界名安樂，其國有佛，號阿彌陀如來」。[180]釋尊在楞伽山懸記如來入滅後，南天竺有大德比丘名龍樹，宣說大乘無上之法，初證「歡喜地」，往生「安樂國」，如《楞伽經・卷九》云：「有大德比丘，名龍樹菩薩，能破有無見，為人說我乘，大乘無上法，證得歡喜地，往生安樂國」。[181]《無

---

[173] 詳《大正藏》第三冊頁 185 上。185 下又云：「是時世界名曰安樂，大王成佛號無量壽」。

[174] 詳《大正藏》第三冊頁 250 下。

[175] 詳《大正藏》第九冊頁 589 下。

[176] 詳《大正藏》第九冊頁 694 下。亦同見於《華嚴經・卷六十三》，詳《大正藏》第十冊頁 339 下。

[177] 詳《大正藏》第十冊頁 443 中。

[178] 詳《大正藏》第十一冊頁 98 中。

[179] 詳《大正藏》第十一冊頁 433 下。

[180] 詳《大正藏》第十二冊頁 353 下。

[181] 詳《大正藏》第十六冊頁 569 上。或見於《大乘入楞伽經・卷六》，《大正藏》第

量壽經‧卷下》則云：「宜各勤精進，努力自求之，必得超絕去，往生安樂國[182]……等等。除此外，論疏上以「安樂國」表「極樂世界」的用法更多，試舉如下：

　　如《往生論》云：「心常作願，一心專念，畢竟往生安樂國土」。[183]天親之《淨土論》：「世尊！我一心歸命，盡十方無礙光如來，願生安樂國」。[184]善導之《法事讚‧卷下》：「我今稽首禮，迴願往生無量壽國，南無西方極樂世界阿彌陀佛，願共諸眾生往生安樂國」。[185]曇鸞之《往生論註‧卷下》云：「安樂國清淨，常轉無垢輪，化佛菩薩日，如須彌住持」。[186]《無量壽經優波提舍》願生偈云：「世尊我一心，歸命盡十方，無礙光如來，願生安樂國」。[187]《觀無量壽佛經疏》云：「願以此功德，平等施一切；同發菩提心，往生安樂國」[188]和《讚阿彌陀佛偈》云：「稽首無等等，願共諸眾生，往生安樂國」[189]……等等。

　　而歷代解《楞嚴經》之註家亦多將安樂國釋為「極樂世界」，如明‧蕅益大師《楞嚴經文句‧卷十》云：「一念還能弘通此法，莊嚴淨土也……則地獄苦因，何不當體變成蓮華淨界乎」。[190]明‧傳燈大師《楞嚴經圓通疏‧卷十》云：「消劇報於剎那，生樂土於彈指，化功歸已，功德亦然，

　　十六冊頁 627 下。
[182] 詳《大正藏》第十二冊頁 274 中。
[183] 詳《大正藏》第二十六冊頁 231 中。
[184] 詳《大正藏》第二十六冊頁 230 下。
[185] 詳《大正藏》第四十七冊頁 438 上。
[186] 詳《大正藏》第四十冊頁 841 上。
[187] 詳《大正藏》第二十六冊頁 230 下。
[188] 詳《大正藏》第三十七冊頁 246 上。
[189] 詳《大正藏》第四十七冊頁 421 中。
[190] 詳《卍續藏》第二十冊頁 758 上。

金口校量，真實不虛」。[191]清・劉道開《楞嚴經貫攝・卷十》云：「復能轉苦為樂，令其所受地獄變成安樂國土，而往生其中樂何如也」。[192]清・續法大師《楞嚴經勢至圓通章疏鈔・卷上》清楚的說：「受地獄苦成安樂國，則此章（指念佛圓通章）誠為銷罪之巨冶，愈病之靈丹，修心之捷徑，求生之術也」。[193]清・徹悟大師更詳示云：「變其所受地獄苦因為安樂國，此則徹始徹終，唯一念佛法門也」[194]、「變其所受地獄苦因為安樂國，重罪尚然，況輕罪乎？況無罪乎？無福尚然，況有福乎？況多福乎？一念尚然，況多念乎？況終年終身乎？其往生不在中下品矣！古今宏法諸師（指弘《楞嚴經》者），現相往生者，皆其證也」。[195]乃至民國悟慈大師《楞嚴經講話》云：「一轉心念，故能轉變其應受的地獄極苦之因，而成為極為安樂的淨土，所謂隨其心淨，則佛土淨」[196]……等等。所以《楞嚴經》上的「安樂國」為「極樂世界」應無異議的。

又《楞嚴經》以「生安樂國」為它的「流通分」，這種說法在其它大乘經典亦不少，如《妙法蓮華經・卷六》云：「若有女人聞是經典，如說修行，於此命終，即往生安樂世界阿彌陀佛大菩薩眾圍繞住處」。[197]《阿惟越致遮經・卷下》云：「講說是經典，則至安樂國，得睹平等覺，阿彌陀無念」。[198]《廣博嚴淨不退轉輪經・卷六》云：「應流布是經，得往安樂界，

---

191 詳《卍續藏》第十九冊頁 928 上。
192 詳《卍續藏》第二十三冊頁 528 上。
193 詳《卍續藏》第二十四冊頁 891 下。
194 見《夢東禪師遺集・卷上》，詳《卍續藏》第一〇九冊頁 765 下。
195 見《夢東禪師遺集・卷下》，詳《卍續藏》第一〇九冊頁 780 下。
196 詳《楞嚴經講話・九至十》頁 196。
197 詳《大正藏》第九冊頁 54 下。亦同見於《正法華經・卷九》云：「壽終生安養國，見無量壽佛」（《大正藏》第九冊頁 126 下）。《添品妙法蓮華經・卷六》云：「於此命終，即往安樂世界阿彌陀佛大菩薩眾圍遶處」（《大正藏》第九冊頁 189 中）。
198 詳《大正藏》第九冊頁 223 中。

得見<u>彌陀佛</u>，光明不可議」。¹⁹⁹《大法鼓經・卷上》云：「（某比丘）宣揚此經，不顧身命，百年壽終，生<u>安樂國</u>」。²⁰⁰而《華嚴經》末後之「普賢菩薩行願品」導歸「<u>極樂世界</u>」，且《文殊師利發願經》亦云：「願我命終時，除滅諸障礙，面見<u>阿彌陀</u>，往生<u>安樂國</u>」²⁰¹……等等，以上所舉經論足以證明多數大乘經典於「流通分」中都勸進生<u>極樂</u>阿彌陀佛國土，這與《楞嚴經》勸進生<u>極樂</u>淨土的思想是一致的。

---

¹⁹⁹ 詳《大正藏》第九冊頁 282 上。
²⁰⁰ 詳《大正藏》第九冊頁 294 下。
²⁰¹ 詳《大正藏》第十冊頁 879 下。

第三章　念佛圓通章釋疑

　　大勢至菩薩與淨土法門的關係，除了在《觀無量壽經》上被列入「十六觀」之一，再來就是《楞嚴經》卷五末「二十五聖圓通」的「大勢至菩薩念佛圓通章」，經文雖短短的二百四十四字，卻是一《大藏經》的「心經」，[1]當代弘揚淨土的淨空法師曾如是說：「讀《楞嚴經》的人很多，自古以來，不少祖師大德們讚歎『觀世音菩薩耳根圓通章』；很少聽說讚歎『大勢至菩薩念佛圓通章』。這就是我們根性不利，往往當面錯過。印祖這麼做，[2]我們就注意到了。仔細再看，才真正發現大勢至菩薩一章經，二百四十四個字，是整個《大藏經》的『心經』。不僅是淨宗的『心經』，是整個佛法的『心經』。真正不可思議！不僅是釋迦如來一代的『心經』，也是十方三世一切諸佛菩薩的『心經』。《圓通章》字很少，意思太豐富了，因為十方三世一切諸佛所說之法，都不出這二百四十四個字。這才知道真正不可思議」。[3]

1　將大勢至念佛圓通章比為一《大藏經》的「心經」，自古德以來，恐怕淨空法師乃第一位用此字眼的人。

2　印光大師說：「《楞嚴經・大勢至念佛圓通章》，實為念佛最妙開示。眾生果能『都攝六根，淨念相繼』以念，豈有不現前當來必定見佛，近證圓通，遠成佛道哉？故將此經列於三經之後」。見《印光法師文鈔續編・下冊》頁290之「淨土五經重刊序」。

3　詳淨空法師《佛說大乘無量壽清淨平等覺經講記》頁546。

第一節　念佛圓通章釋名

（一）　念佛釋疑

　　《楞嚴經·卷五》中的大勢至菩薩「念佛圓通章」云：「我憶往昔恒河沙劫，有『佛』出世名無量光，十二如來相繼一劫，其最後『佛』名超日月光，彼佛教我『念佛三昧』……若眾生心，憶『佛』念『佛』，現前當來必定見『佛』，去『佛』不遠，不假方便，自得心開……我本因地，以念『佛』心，入無生忍，今於此界，攝念『佛』人，歸於淨土」。[4]經文中出現十次的「佛」字，所謂的憶「佛」念「佛」究竟是念那一尊「佛」呢？答案是念「阿彌陀佛」。

　　在《佛說無量壽經》中說明「十二位如來」其實都是「無量壽佛」的異名，如經云：「是故無量壽佛，號❶無量光佛。❷無邊光佛。❸無礙光佛。❹無對光佛。❺炎王光佛。❻清淨光佛。❼歡喜光佛。❽智慧光佛。❾不斷光佛。❿難思光佛。⓫無稱光佛。⓬超日月光佛」。[5]在菩提流志譯的《大寶積經·卷十七》也說「無量壽佛」有十四種異名，云：「阿難！以是義故，無量壽佛復有異名，謂❶無量光。❷無邊光。❸無著光。❹無礙光。❺光照王端嚴光。❻愛光。❼喜光。❽可觀光。❾不思議光。❿無等光。⓫不可稱量光。⓬映蔽日光。⓭映蔽月光。⓮掩奪日月光」。[6]在趙宋·法賢譯的《佛說大乘無量壽莊嚴經》則說「無量壽佛」所化的「圓光」有十三種異名，經云：「復次阿難！彼佛無量壽，若化圓光，或一由旬……乃至遍滿無量無邊無數佛剎。復次阿難！今此光明，名❶無

---

[4] 詳《大正藏》第十九冊頁128上。
[5] 詳《大正藏》第十二冊頁270上。
[6] 詳《大正藏》第十一冊頁95下。

量光。❷無礙光。❸常照光。❹不空光。❺利益光。❻愛樂光。❼安隱光。❽解脫光。❾無等光。❿不思議光。⓫過日月光。⓬奪一切世間光。⓭無垢清淨光」。[7]

　　從上述三本經文的內容來看，「無量壽佛」有十二、十三、十四種「異名」；則《楞嚴經》所說的：「有『佛』出世名無量光，十二如來相繼一劫，其最後『佛』名超日月光，彼佛教我『念佛三昧』」，經文說的「佛」字就是指無量壽佛，即阿彌陀佛。如清・續法大師《楞嚴經勢至圓通章疏鈔》云：「今彌陀『十二』別號，同古佛者。表顯師資『即心即佛』之道『一』也。猶今釋迦立號，倣同古釋迦佛。今觀音名，倣同古觀音等故。《大本彌陀經》云：過無量佛剎，同名釋迦者，不可勝數。則無量壽佛之名，百千萬億不可窮盡。何止於一佛耶」？[8]又說：「問：此教『念佛』，為念『十方佛』耶？為念阿彌陀耶？答：但念阿彌陀佛！以『十二如來』同名阿彌陀故，下云『攝念佛人，歸於淨土』」。[9]

　　如果「念佛圓通章」的「佛」是指「十方諸佛」的話，那麼眾生便無法專心於一佛，修行難以成就。如東晉帛尸蜜多羅譯《佛說灌頂經・卷十一》所云：「普廣又白佛言：世尊何故經中讚歎阿彌陀剎？佛告普廣菩薩摩訶薩：汝不解我意。娑婆世界人多貪濁，信向者少，習邪者多。不信正法，不能專一。心亂無志，實無差別。令諸眾生『專心』有在，是故讚歎『彼國土』(指阿彌陀佛極樂世界)耳。諸往生者，悉隨彼願，無不獲果」。[10]清・續法大師也說：「教念『十二佛』名。即是教念古彌陀十二別號。猶今法

---

[7] 詳《大正藏》第十二冊頁321下。

[8] 詳《卍續藏》第十六冊頁380下。

[9] 詳《卍續藏》第十六冊頁380下。

[10] 本經全名是《佛說灌頂隨願往生十方淨土經》。詳《大正藏》第二十一冊頁529下。

藏教念無量壽佛，即是教念無量光，乃至超日月光也」。[11]

（二） 根大圓通

　　《楞嚴經》中出現「七大」之說，這「七大」包含了一個「見大」，這「見大」究竟是什麼？前人呂澂曾懷疑「六大之說源於六界，謂士夫色心之所本也。今經益以『見大』為七。『見』本屬根，根即清淨四大為性，安有別法？且『大』謂周遍，本經後說六根功德，三根不遍，安得為『大』」？[12]近人愍生老和尚曾辯云：「根大，指六根。識大，指六識。又『根大』（即「見大」）並無別立一法……按經文顯示七大本如來藏性，故七大周遍，是理說。經文說：『六根之中，有三根鈍、三根利』是在迷位眾生而說，豈能事理不分而妄說為偽者乎」？[13]愍生老和尚雖然有解說，但他的說法並不夠清楚。其實「見大」就是「根大」，即指「六根」之「性」大，如《楞嚴經》云：

> 　　如一❶見根，見(能見之性)周法界。❷聽(耳根)、❸嗅(鼻根)、❹嘗觸(舌根)、❺覺觸(身根)、❻覺知(意根)。妙德瑩然(瑩潔清徹)，遍周法界，圓滿十虛，寧有方所？[14]

　　經文說「能見」(眼睛能看見)之「性」是「周遍法界」的，所以只有「肉眼」的「見根」是無法發生「能見」的作用，「能見」(眼睛能看見)是由「見根」之「性」來作主導。《楞嚴經》一再的說「眼能顯色，如是見性（能看見東西的性能），是

---

[11] 詳《卍續藏》第十六冊頁 382 上。
[12] 詳見呂澂《楞嚴百偽》原文之「三十三」。
[13] 詳見愍生法師《辯破楞嚴百偽》頁 38、39。
[14] 詳《大正藏》第十九冊頁 118 下。

心非眼」。[15]經文雖只舉一個「眼根」的「見大」作說明，以此類推，其餘「五根」之「性」大依序應名為：「聞大、嗅大、嚐大、覺（觸）大、知（法）大」。如下所例：

❶能「見」是「心」，這個「心」假名為「見大」。

❷能「聞」是「心」，這個「心」假名為「聞大」。

❸能「嗅」是「心」，這個「心」假名為「嗅大」。

❹能「嚐」是「心」，這個「心」假名為「嚐大」。

❺能「覺（觸）」是「心」，這個「心」假名為「覺（觸）大」。

❻能「知」是「心」，這個「心」假名為「知（法）大」。

所以「見大、聞大、嗅大、嚐大、覺（觸）大、知（法）大」這六大皆名為「根大」，加上傳統的「五大」（地水火風空）或「六大」（地水火風空識）之說而成為「七大」之說。底下先就《楞嚴經》說的「四科七大」[16]製圖來加以說明。簡單說：[17]

「七大」是「四科」的「總相」，「四科」是「七大」的「別相」。

「四科」是「單純法」，「七大」是「組織法」。

「四科」是「因緣性」，「七大」是「自然性」。

「四科」是「六識」是緣之境，「七大」是「七識」所緣之境。

「四科」與「七大」同為「空不空如來藏」。[18]

---

[15] 詳《大正藏》第十九冊頁109中。

[16] 「四科七大」名相出自宋・戒環之《楞嚴經要解・卷七》。詳《卍續藏》第十一冊頁810中。

[17] 底下內容詳見圓淨 李榮祥述《楞嚴經指要》頁21。

[18] 參見守培《楞嚴經妙心疏・卷三》頁29。《佛教藏》第一二一冊頁295。

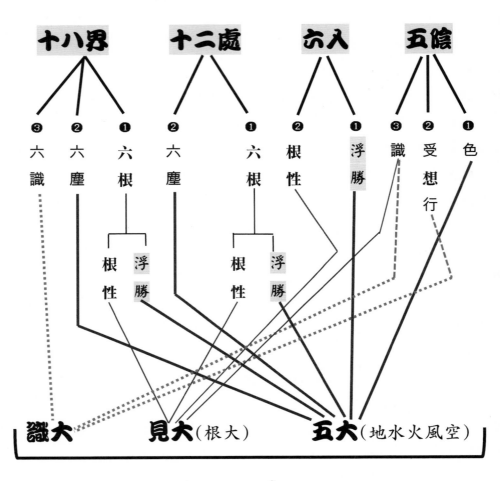

註：「浮勝」指「浮塵根」與「勝義根」。

這個圖表[19]詳釋如下：

❶「五大」的部份。「地、水、火、風、空」這「五大」即具有「色、聲、香、味、觸、法」這六塵；屬於「相分」的「色法」，所以「五陰」下的「色陰」是連到「五大」來（參見上面的圖解）。

❷中間的「見大（根大）」是統攝「六根」之「性」，「六根」需有「塵境」相對才會起作用，故「見大（根大）」是屬於「見分」的「心法」，所以凡是「六入（根）」的「根性」一律歸到「見大（根大）」上。而「六入（根）」的「浮勝」和「十二處、十八界」的「六塵」則一律歸到「五大」上；因為「浮勝」是由「色、香、味、觸」四塵所形成的「扶塵」，沒有「見、聞、覺、知」的作用，[20]故歸到「五大」上，而「六塵」本自屬於「五大」之內。

❸最左邊的「識大」有三條線連著，其中「五陰」的「受、想、行」是歸「識大」，因為「受陰」是相對「前五識」；[21]「想陰」是相對「第六識」；「行陰」是相對「第七識」，所以這三陰都屬「識大」。「五陰」的「識陰」是連上「識大」和「見大（根大）」，因為「識陰」雖屬「第八識」，但「識陰」是「不生不滅與生滅和合」，[22]故亦歸納到「見大（根大）」之內。

---

19 此圖參考唐一玄《大佛頂首楞嚴經自課》之「楞嚴附表」頁851所製。

20 四塵又名「四微」，皆以極微為單位。《俱舍論・卷四》云：「色聚極細立微聚名，為顯更無細於此者。此在欲界無聲無根，八事俱生隨一不滅。云何八事？謂四大種及四所造色、香、味、觸」。其中「色塵」是指青黃等顏色及長短方圓等形色；「香塵」指好惡等香；「味塵」指甘醋等味；「觸塵」指能造之地、水、火、風等四大與滑澀等性，而「聲塵」有間斷，故不屬「四塵」之一。見《大正藏》第二十九冊頁18中。

21 蕅益大師的看法不同，大師認為「受陰」應該歸屬「見大」，非屬「識大」，此說見其《楞嚴經文句・卷三》，詳《卍續藏》第二十冊頁534下和542上。

22 詳見《大乘起信論》云：「不生不滅與生滅和合，非一非異，名為阿梨耶識」。《大正藏》第三十二冊頁576中。

《楞嚴經》強調「六根」之「性」的「根大」之說，認為「見大、聞大、嗅大、嚐大、覺(觸)大、知(法)大」都是由「如來藏」所緣現出的「妙用」，其實「根大」仍是眾生的「分別計度」下所產生的作用，如經云：

汝曾不知「如來藏」中，性見覺明(「能見之性」仍為本覺妙明之心所現)，覺精明見，(本覺明妙之心可現「能見之性」之用)。清淨本然(無我、無自性→離一切相也)，周遍法界(可隨眾因緣而起現行→即一切法也)。隨眾生心，應所知量(應他所知道所思量的業感方式而起隨緣之用)。循(隨也)業(各人因果業感)發現。世間無知，惑為「因緣」及「自然」性。皆是「識心」(第六意識妄心)分別計度(計量測度)，但有言說，都無實義。[23]

《楞嚴經》明白的說「四科七大」皆是「如來藏真心」所緣現的妙用，亦是「識」下的「分別計度，但有言說，都無實義」。《楞嚴經》雖講「能見是心」，但一方面又說「心」不可得，心乃「清淨本然」的「離一切相」；但心又可「周遍法界」的緣現於法界。此理同於佛典常說的「諸法皆空」，但「空」亦不可得；需更進一步證得「空亦復空」的境界。如《摩訶般若波羅蜜經·卷五》云：「一切法空，是『空』亦『空』，非常、非滅故」。[24]《佛說廣博嚴淨不退轉輪經·第三》云：捨有所得，住無所得，知一切空。此『空』亦『空』。[25]《大寶積經·卷六十九》云：「彼『空』亦『空』；無自性，究竟求之不可得」。[26]《大乘瑜伽金剛性海曼殊室利千臂千鉢大教王經·卷三》云：「入心，心空，證『空復空』，心如虛空，同於法界」。[27]《大智度論·卷三十四》云：「菩薩行般若波羅蜜時，普觀『諸法皆空』，

---

23 詳《大正藏》第十九冊頁 118 下。
24 詳《大正藏》第八冊頁 250 中。
25 詳《大正藏》第九冊頁 265 下。
26 詳《大正藏》第十一冊頁 392 中。
27 詳《大正藏》第二十冊頁 738 中。

『空亦復空』」。[28]《大智度論・卷三十六》云：「大空者，破一切『法空』；亦復『空』」。[29]《大智度論・卷七十四》云：「『空亦復空』，若著是『空』，則有過失」。[30]

在龍樹的《中論》中有句名偈云：「大聖說『空』法，為離諸見故，若復見有『空』，諸佛所不化」。[31]同理可推：

佛說「能見是心」法，為離諸見故，若復見有「能見是心」，諸佛所不化。

佛說「四科七大」法，為離諸見故，若復見有「四科七大」，諸佛所不化。

再舉例說，有關「萬法唯心造」的義理是佛典不斷宣揚千真萬確的義理，但經典也常出現「心意識」皆為「虛妄」的道理，因為萬法萬事皆是眾生虛妄顛倒的「心識」下所變現的，如：《華嚴經・卷五十九》云：「『心識』猶如『幻』，示現種種事」。[32]《解深密經・卷五》云：「佛告曼殊室利菩薩曰：善男子！夫如來者，非(為)『心、意、識』生起所顯」。[33]《楞伽阿跋多羅寶經・卷三》云：「離『心、意、意識』，說名涅槃」。[34]《楞伽阿跋多羅寶經・卷四》云：「真實如來(超)過『心、意、意識』所見之相，不可為譬」。[35]《入楞伽經・卷三》云：大慧！(若能)離『心、意、意識』，『轉身』(轉依)便得

28　詳《大正藏》第二十五冊頁 314 中。
29　詳《大正藏》第二十五冊頁 327 上。
30　詳《大正藏》第二十五冊頁 581 中。
31　詳《大正藏》第三十冊頁 18 下。
32　詳《大正藏》第十冊頁 316 下。
33　詳《大正藏》第十六冊頁 710 下。
34　詳《大正藏》第十六冊頁 505 上。
35　詳《大正藏》第十六冊頁 511 下。

聖種類身。[36]《入楞伽經·卷六》云：「諸佛如來隨眾生信(信念)而說諸法，為令遠離『心、意、意識』」故。[37]《大乘密嚴經·卷一》云：「一時佛住出過(超越)『欲、色、無色、無想』……皆超三界『心、意、識』境」。[38]

由上述經典的分析可知，《楞嚴經》所說「七大」的「見大(根大)」之說，雖然異於其餘佛典的「五大」或「六大」之說。但這「根大」就是指「六根」之「性大」，就是「不生不滅」的「真心」。雖然「真心」不可得，但亦非「斷滅」，在我們未證到「空亦復空」之前，這個「真心」仍是「宛然有像」[39]的「假名有」；[40]而大勢至菩薩所修的法門正是這個「根大」圓通，亦即「六根」皆有其「性」大，無論吾人用那一「根」在念佛修行，都不離「根大」之「性」——即「真心」也。

（三） 本 章 價 值

「念佛圓通」這一章有多少的「價值」呢？從古著疏來看，清·續法大師對「大勢至菩薩念佛圓通章」的「價值」貢獻可說是有史以來最豐富的第一人。本節內容皆以續法大師的說法為準，另製圖表輔助說明之。

清·續法大師之《楞嚴經勢至圓通章疏鈔》舉出本章有「信、念、行、位」四種「不退」的功德，如云：「不退者。信淨在，離三界。位不退

---

[36] 詳《大正藏》第十六冊頁 532 上。

[37] 詳《大正藏》第十六冊頁 551 中。

[38] 詳《大正藏》第十六冊頁 726 中。

[39] 「宛然有像」句見於隋·吉藏撰《維摩經義疏·卷五》。詳《大正藏》第三十八冊頁 965 中。

[40] 「假名有」句見於《勝天王般若波羅蜜經·卷一》云：「名字所得，非是實法。法非名字，非言境界，法非可議，非心所量。名字非法，法非名字，但以世諦虛妄『假名有』」。詳《大正藏》第八冊頁 693 下。

也。願見佛，念佛心，念不退也。行淨業，攝佛人，行不退也。又，信化佛教，超凡外道，信不退也。願報佛果，超二乘境，念不退也。行法佛理，超權修證，行不退也」。[41]依此內容製圖如下：

信化佛教，超凡外道 ━━━━━━━━━━━━━━━━▶ 信不退。

願報佛果，超二乘境➡願見佛，念佛心━━━━━━▶ 念不退。

行法佛理，超權修證➡行淨業，攝佛人━━━━━━▶ 行不退。

信淨 (土) 在、離三界 ━━━━━━━━━━━━━━━▶ 位不退。

又說本章有「五對因果」，云：「因若不退，名為真因。果若不退，名為真果。信願佛土，攝根淨念，是不退菩提因行也。得三摩地，第一圓通，是不退菩提果德也。文有三重。憶念彼佛，因也。現當見佛，果也。念見近佛，因也。心開香嚴，果也。念心入忍，因也。攝人歸土，果也。如是五對，展轉相因，以為生起」。[42]依此內容製圖如下：

❶因若不退 ━━━▶ 真因。

　果若不退 ━━━▶ 真果。

❷信願佛土，攝根淨念 ━━━▶ 不退菩提因行。

　得三摩地，第一圓通 ━━━▶ 不退菩提果德。

❸憶念彼佛 ━━━▶ 因。

　現當見佛 ━━━▶ 果。

❹念見近佛 ━━━▶ 因。

　心開香嚴 ━━━▶ 果。

❺念心入忍 ━━━▶ 因。

---

[41] 詳《卍續藏》第十六冊頁 378 下。
[42] 詳《卍續藏》第十六冊頁 378 中。

攝人歸土 ————►果。

　　從二藏上說，「念佛圓通章」屬於「菩薩藏」。據《菩薩地持經・卷十建立品》和《大乘起信論義記・卷上》所云，如來一代聖教分為二種「法藏」，一指詮釋「聲聞」與「緣覺」二乘道之「聲聞藏」；二指詮釋「菩薩道」之「菩薩藏」。《楞嚴經》之全名是「**大佛頂如來密因修證了義諸菩薩萬行首楞嚴經**」，而其「**大勢至菩薩念佛相通章**」亦是「菩薩」所修、所講演的念佛法門。故「念佛圓通章」依「二藏」來分類的話，確屬於「菩薩藏」而無疑！

　　若從「三乘」上來說，「念佛圓通章」亦屬於大乘之「菩薩乘」。眾生根機分為「鈍、中、利」，佛乃說之說「聲聞乘、緣覺乘、菩薩乘」等三種教法（trīṇi-yānāni）。一是「聲聞乘」（śrāvaka-yāna），聞佛聲教而得悟道，故稱聲聞。其知苦斷集、慕滅修道，以此四諦為乘。二是「緣覺乘」（pratyeka-buddha-yāna），又作「辟支佛乘、獨覺乘」。「緣覺」乃觀「十二因緣」，覺真諦理，故稱「緣覺」。三為「菩薩乘」（bodhisattva-yāna），又作「大乘」（mahā-yāna）、「佛乘」和「如來乘」。大乘乃求無上菩提，願度一切眾生，修六度萬行。小乘唯有「自利」，無利於他，故總稱為「小乘」。「菩薩乘」能自利利他，故稱為「大乘」。「念佛圓通章」的經旨乃以如來憐念眾生，歸勸「念佛」法門，大勢至菩薩又「攝念佛人，歸於淨土」，度脫九界眾生。故「念佛圓通章」依「三乘」來分，亦屬大乘之「菩薩乘」無疑。

　　再從《華嚴》之「五教」上來說，「念佛圓通章」歸「終、頓、圓」三教。「五教」內容原為「小乘教、大乘始教、大乘終教、大乘頓教、大乘圓教」，簡述如下：

　　❶「小乘教」：又作「愚法小乘教」和「愚法聲聞教」。此乃針對「小乘

根機」者所說之「四諦、十二因緣」等《阿含經》之教理。

❷「大乘始教」：又作「分教」。此乃針對「小乘」開始導入「大乘」；然根機未熟者所說之教法。此教為「大乘」之「初門」，於中又分「空始教」和「相始教」二種。

❸「大乘終教」：又作「實教、熟教、終教」。即說「真如」隨緣而生「染淨」諸法，其體本自清淨，故謂「二乘」及「一切有情」悉當成佛。如《楞伽》、《勝鬘》等經及《大乘起信論》所說均屬之。又此「大乘終教」多談「法性」，少談「法相」，所說的「法相」亦皆會歸於「法性」。所說的「八識」，則通於「如來藏」，隨緣成立，具「生滅」與「不生滅」二種義理。以其已盡「大乘」至極之說，故此稱為「大乘終教」。

❹「頓教」：又作「大乘頓教」。此乃不立「言句」，只辨「真性」，不設「斷惑證理」之階位，為「頓修、頓悟」之教，如《維摩經》所說之理。「大乘頓教」異於「始、終」二教之漸次修成，亦不同於「圓教」之圓明具德，故另立為一教，名為「大乘頓教」。

❺「圓教」：又作「一乘圓教」。即說「一乘」而完全圓滿之教法。「一乘圓教」說「性海」圓融，隨「緣起」而成無盡「法界」，彼此無礙。相即相入，一位即一切位，一切位即一位。十信滿心，即成正覺，故稱為「圓教」，如《華嚴經》和《法華經》等所說皆屬於「一乘圓教」。「一乘圓教」又分為「別教一乘」和「同教一乘」二種。

「念佛圓通章」依「五教」之說，則歸於「終、頓、圓」三教，如經文云：「二憶念深，如母憶子，母子歷生、不相違遠」等語；正明「佛」（母）

與「眾生」(子) 之「如來藏性」無二無別，「真如」隨緣而生「染淨」諸法，其體本自清淨，故依此章文可歸於「大乘終教」法。

經文云：「以念佛心，入無生忍，不假方便，自得心開」等語；正明「大乘頓教」之理，心想佛即自心是佛，念念念佛，則心佛無別。一句佛號當下即是究竟法，故此乃是「不假方便」的「大乘頓教」法。

經文云：「都攝六根，淨念相繼，得三摩地」等語；正明其圓通之「一乘圓教」大法。頓攝六根，守於真常，常光現前，圓通境發。

清・續法大師的《楞嚴經勢至圓通章疏鈔》中又說：「念佛法者，念變化，非受用佛，(化身)小也。念受用，非變化佛，(自報)終也。念亦變化，亦受用佛，(他報)始也。念非受用，非變化佛，(法身)頓也。念圓通，無障礙佛，(十身)圓也。勢至人者，得應化佛力，小勢至也。得功德佛力，始勢至也。得智慧佛力，終勢至也。(此二報佛)得如如佛力，(法佛)頓勢至也。得無盡佛力，(十佛)圓勢至也」。[43]依此內容製圖如下：

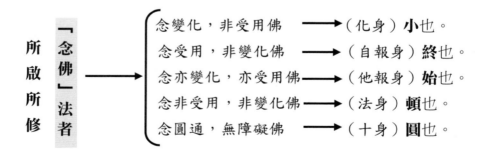

```
                      ┌ 念變化，非受用佛 ──→ （化身）小也。
                      │ 念受用，非變化佛 ──→ （自報身）終也。
所  「念                │ 念亦變化，亦受用佛 ──→ （他報身）始也。
啟   佛              ──┤ 念非受用，非變化佛 ──→ （法身）頓也。
所   法                │ 念圓通，無障礙佛 ──→ （十身）圓也。
修   者                └
```

─────────────────────

[43] 詳《卍續藏》第十六冊頁 379 上。

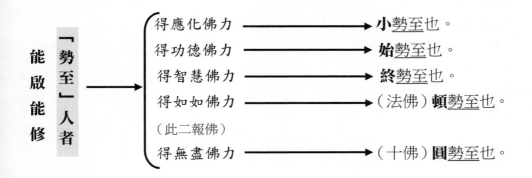

《楞嚴經勢至圓通章疏鈔》中又說：「彼佛教我念佛，機教也。母子形影染香，法喻也」。[44]依此內容製圖如下：

彼佛教我念佛 ——→ 機教也 ——→ **有機有教**
母子形影染香 ——→ 法喻也 ——→ **有法有喻**

《楞嚴經勢至圓通章疏鈔》中又云：「如來憐念眾生。眾生一心憶佛。生佛感應也。我因念佛入忍。今攝念人歸淨。自他因果也。心境月燈者。依我自心念彼佛境。則佛境可彰。託彼佛境念我自心。則自心易顯。此之彰顯。皆憑月燈教法以照見也。心外有境小教也。境唯是心始教也。即心即境終也。非境非心頓也。心境無盡圓也。即所詮法。月燈喻能詮教。聲名句義門如螢燈。小也。攝境唯心門如火燈。始也。理事無礙門如星。終也。會相歸性門如月。頓也。普融無盡門如日。圓也。今約中二以說聖凡舟楫者。念名號佛。受持皈戒。越於三途。下下品生。名為人乘。其猶舠船繞過谿澗。念色像佛。修行禪善。越於四洲。生下品蓮。名為天乘。其猶艇船出小河港。念應化佛。觀四真諦。越於三界。生中

品蓮。名聲聞乘。其猶艨艟過於大湖」。[45]依此內容製圖如下頁所示：

---

[45] 詳《卍續藏》第十六冊頁 376 下。

❶生佛感應 ⟶ 如來憐念眾生，眾生一心憶佛。

❷自他因果 ⟶ 我因念佛入忍，今攝念人歸淨。

❸心境月燈 ⟶ 依我自心，念彼佛境，則佛境可彰。

　　　　　　　　託彼佛境，念我自心，則自心易顯。

　　　　　　　　此之影顯，皆憑月燈教法，以照見也。

心境	心外有境 ⟶ **小**教也
	境唯是心 ⟶ **始**教也
	即心即境 ⟶ **終**教也　表所詮法
	非境非心 ⟶ **頓**也
	心境無盡 ⟶ **圓**也

月燈	聲名句義門 ⟶ 如燭燈 ➔ **小**也
	攝境唯心門 ⟶ 如火燈 ➔ **始**也
	理事無礙門 ⟶ 如星星 ➔ **終**也　表能詮教
	會相歸性門 ⟶ 如月亮 ➔ **頓**也
	普融無盡門 ⟶ 如日頭 ➔ **圓**也

❹聖凡舟楫

念**名**號佛。受持皈戒，越於三途。下下品生。
　　名為人乘。其猶艇船，纔過谿澗。

念**色**像佛。修行禪善，越於四州。生下品蓮。
　　名為天乘。其猶舠船，出小河港。

念**應化**佛。觀四真諦，越於三界。生中品蓮。
　　名聲聞乘。其猶艨艦，過於大湖。

念**受用**佛。了悟因緣，證二涅槃。生上品蓮。
　　名緣覺乘。其猶艫舩，過於大江。

念**法性**佛。智悲並運。萬行繁興，成無上道。

　　超凡小界。上上品生。

　　名菩薩乘。其猶艆艚，直過大海。

（註：聖凡即「所化」人。舟楫即「能化」法）

據清・<u>續法</u>大師的《楞嚴經勢至圓通章疏鈔》中又云：「又持名念佛

如特舟。聲聞乘也。觀像念佛如方舟。辟支佛也。觀想念佛如維舟。菩
薩乘也。實相念佛如造舟。佛乘也。聖凡即所化人。舟揖喻能化法」。[46]
依此內容製圖如下：

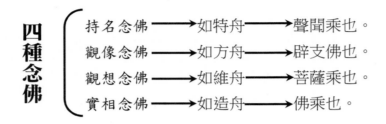

從續法大師的《楞嚴經勢至圓通章疏鈔》內容來看，「念佛圓通章」
的「價值」得以昇級到最高的「一佛乘」及「上品上生」。

---

[46] 詳《卍續藏》第十六冊頁 377 上。

第二節　勢至與淨土因緣

（一）勢至簡介

　　大勢至菩薩，梵云 mahā-sthāma-prāpta महा-स्थाम-प्राप्त，譯為「摩訶那缽、得大勢、大勢志、大精進」，或簡稱為「勢至、勢志」。從梵語 mahā 是「大」之意，sthāma 是「勢、身力、威神、勇銳」之意，[47]prāpta 是「所得、證得、已得、成就」之意[48]，兩字合起來正有「得大勢」之意。[49]大勢至與觀音菩薩同為阿彌陀佛的脅侍，象徵「智慧」之意，如《觀無量壽經》上云：「以智慧光普照一切，令離三塗，得無上力，是故號此菩薩名大勢至」。[50]明・交光大師在其《楞嚴經正脈》中曾對大勢至菩薩下註云：「《悲華經》云：『往昔因中，彌陀作輪王時，觀音為長子，勢至為次子，今在極樂，居彌陀左右，輔弼佛化，候補作佛』」。[51]關於《悲華經》的這段文字記載，在《大正藏》中是找不到的，但後人明・柴紫大師《楞嚴經講錄》和清・溥畹大師及錢謙益，乃至民國・悟慈和圓瑛大師等都同「轉引」此文字。

　　根據《悲華經・卷三》之經文，是有無量壽佛到觀世音菩薩到大勢至菩薩「次第」在西方極樂世界成佛之說。[52]但此段「往昔因中，彌陀作輪王時，觀音為長子，勢至為次子，今在極樂，居彌陀左右，輔弼佛化，候補作佛」的文字在《悲華經》中是找不到的，不知是從何處出？從何

---

[47] 見荻原雲來編《梵和大辭典》頁 1519 右。
[48] 見荻原雲來編《梵和大辭典》頁 891 左。
[49] 見荻原雲來編《梵和大辭典》頁 1519 右。
[50] 詳《大正藏》第十二冊頁 344 上。
[51] 詳《卍續藏》第十八冊頁 626 上。
[52] 詳《大正藏》第三冊頁 168 上－下

人先起用此段文字？後筆者查《觀世音菩薩往生淨土本緣經》中才找到
此典故的來源，經文的「白話」意思大略如下所說：

> 觀世音菩薩和大勢至菩薩往昔為長那梵志之子時，分別名為早離、
> 速離。阿僧祇劫前，於南天竺之摩涅婆吒國中，有一梵志（婆羅門志求
> 生梵天者），名長那，其妻為摩那斯羅，生有二子，此兄弟二人以其早
> 離父母之故，而取名為早離、速離。於兄七歲、弟五歲時母病歿，
> 父遂再娶。時遇饑年，父北行至檀那羅山求食，繼母乃設計陷害二
> 子，棄之於絕島上，二子悲痛之餘，遂發百願，願修菩薩道以利益
> 十方國之眾生，發願畢即命終。父還，得知其子棄於孤島，遂往尋
> 覓，然僅見白骨一堆，乃悲泣發五百願，以廣度諸惡眾生速成佛道，
> 並願常住娑婆世界，說法教化。上述之長那梵志，即釋迦如來之前
> 身，摩那斯羅為阿彌陀如來，而兄早離即觀世音菩薩，弟速離即大
> 勢至菩薩。又檀那羅山即佛世時之靈山，絕島即補陀落山。[53]

又據唐・一玄大師集《無量壽經記・卷上》載：龍珍王入山修道，
號法藏，住於山南；有二女緣波那（又作祿波那）、洗澤河隨行，住於山北。
龍珍王即得道之彌陀，緣波那即觀世音菩薩，洗澤河即大勢至菩薩。[54]
這是唯一能找到大勢至與觀音互為兄弟的典故來源。

有關大勢至菩薩的記載還有《思益梵天所問經・卷三》云：「得大
勢菩薩言，若菩薩所投足處，震動三千大千世界及魔宮殿，是名菩薩」。
[55]《持心梵天所問經・卷二》云：「得大勢菩薩曰：『舉腳經行三千大千佛

---

[53] 此處已改白話文，原經文詳見《卍續藏》第八十七冊頁 577 下—578 下。
[54] 詳《卍續藏》第三十二冊頁 389 下—390 上。
[55] 詳《大正藏》第十五冊頁 48 下。

之世界，一切魔宮，悉為之動，是則名曰菩薩也』」。[56]故又名得大勢，以能成辨一切所應作事故，獲得「大勢」之力也。一般稱大勢、觀音與彌陀為「西方三聖」，在未來世將步觀世音菩薩之後成佛，名為善住功德寶王佛，如《觀世音菩薩授記經》所云：「阿彌陀佛壽命無量百千億劫，當有終極……阿彌陀佛當般涅槃……觀世音菩薩於七寶菩提樹下，結跏趺坐，成等正覺，號普光功德山王如來……普光功德山王如來，隨其壽命得大勢至菩薩親覲供養，至于涅槃……即於其國成阿耨多羅三藐三菩提，號曰善住功德寶王如來」。[57]

在佛經中出現「大勢至」三字最早的「譯詞」極可能是出現在西晉・竺法護譯（公元 286 譯）的《正法華經》，[58]後來出現在北涼・曇無讖（Dharma-rakṣa 385～433）譯的《悲華經》。[59]但卻一直到《楞嚴經》興起後，大勢至菩薩法門才漸受到重視，這主要是受《楞嚴經・卷五》上的「大勢至念佛通章」所影響，經云：「若眾生心，憶佛念佛，現前當來必定見佛，去佛不遠，不假方便，自得心開……我本因地，以念佛心，入無生忍，今於此界，攝念佛人，歸於淨土。佛問圓通，我無選擇，都攝六根，淨念相繼，相繼得三摩地，斯為第一」。[60]這種「都攝六根、淨念相繼」的法門，後來便成了淨土宗最高的修行準則。

關於大勢至菩薩的「形象」在《觀無量壽經》有云：「此菩薩身量大小亦如觀世音……此菩薩天冠有五百寶蓮華，一一寶華有五百臺，一一臺中，十方諸佛淨妙國土廣長之相皆於中現，頂上肉髻如缽頭摩華，於

---

[56] 詳《大正藏》第十五冊頁 17 中。
[57] 詳《大正藏》第十二冊頁 357 上。
[58] 詳《正法華經・卷一》。《大正藏》第九冊頁 63 上。
[59] 詳《悲華經・卷五》。《大正藏》第三冊頁 186 下。
[60] 詳《大正藏》第十九冊頁 128 上—中。

肉髻上有一寶瓶，盛諸諸明，普現佛事。餘諸身相如觀世音等無有異」。
[61]這是「顯教」經典對大勢至菩薩的普遍記載。

　　在密教經典上，大勢至的「形象」卻有另外的說法，如《大日經·卷一》具緣品云：「畫得大勢尊，彼服商佉色，大悲蓮華手，茲榮而未敷」。
[62]《攝無礙經》云：「得大勢菩薩，頂上五髻冠，冠中住鐸持，身相白肉色，左定白蓮花，右慧說法印，妙鬘寶瓔珞，嚴身如觀音」。[63]其他密教經典對大勢至菩薩的記載多出現在觀世音菩薩的經典上；這在「貴觀音而遺勢至」之「觀音彌陀」一節中將有詳細引經說明，故在此先略過。

（二）　念佛三昧

　　「念佛三昧」的解釋在諸經論中闡述的非常詳細，此節僅大略介紹大勢至菩薩所修的「念佛三昧」義。據《般舟三昧經》、《大阿彌陀經·卷下》和舊《華嚴經·七》之「賢首品」等；皆立有「念佛三昧法」，大略的意思是說「一心繫念一佛之名號，且觀想佛之三十二相好光明，及其於眾中之說法，如此念念相續不斷，則能於定中見佛，亦得以往生佛國。[64]《觀佛三昧海經》中曾以「六喻」譬「念佛三昧」之殊勝功德，即：❶譬長者閻浮檀那紫金之喻。❷譬王寶印之喻。❸譬長者如意珠之喻。❹譬仙人善況之喻。❺譬力士髻珠之喻。❻譬劫末金剛山之喻。[65]《觀無量壽佛經》則云：「更觀無量壽佛身相光明……其光相好及與化佛不可具說。但當憶

---

[61] 詳《大正藏》第十二冊頁344上。
[62] 詳《大正藏》第十八冊頁7上。
[63] 詳《大正藏》第二十冊頁132中。
[64] 詳《佛光大辭典》頁3208。
[65] 以上內容請參閱《大正藏》第十五冊頁695中、657中、646中、686中、681下、646中。

想，令心明見，見此事者，即見十方一切諸佛，以見諸佛，故名『念佛三昧』」。[66]《大智度論・卷七》亦載「『念佛三昧』有大福德，能度眾生；是諸菩薩欲度眾生，諸餘『三昧』無如此『念佛三昧』福德，能速滅諸罪者」。[67]六十《華嚴經・卷七》也說：「又放光明名見佛，彼光覺悟命終者，『念佛三昧』必見佛，命終之後生佛前」。[68]

　　在梵文本的《阿彌陀經》中，「念佛、念法、念僧」之「念佛」；其最初之原語為 buddhamanasikāra，後則演變為 buddhānusmṛti。前者為「作意」（起心）之意，後者為「憶念」（意念）之意。又「執持名號」之原語為 manasikāra，淨土宗將其解為「稱名」，若從原梵文中來看，實難見出此意。「念佛」之本意在於「憶念、追想」，由內在之「思憶」表現於「外者」即稱為「念」，「稱念佛號」再配合深入之「觀想」，能於「醒、夢、定」等之際皆念念「不離佛」，也稱為「般舟三昧」的一種行門。

　　「淨土宗」認為「念佛三昧」乃最高最上之三昧，如明・智旭大師的《楞嚴經文句・卷五》云：「四種三昧，同名念佛。『念佛三昧』名為三昧中『王』，能攝一切三昧故也」。[69]所以「念佛三昧」也被名為「寶王三昧」。[70]如明・妙叶的《重刻寶王三昧念佛直指序》云：「『念佛三昧』所以名為『寶王』者，如摩尼珠普雨一切諸三昧寶，如轉輪王普統一切諸三昧王，蓋是至

---

[66] 詳《大正藏》第十二冊頁 343 中。

[67] 詳《大正藏》第二十五冊頁 109 上。

[68] 詳《大正藏》第九冊頁 437 中。

[69] 詳《卍續藏》第二十冊頁 615 下。或見《卍續藏》第二十冊頁 615 下。

[70] 「寶王三昧」的另一種解釋是：超越凡聖，不住於生死、涅槃之無事禪，係一切三昧中之最上者，故稱為寶王三昧。如《一山國師語錄・卷上》云：「一心無事，萬境不生，心境虛融，聖凡何有？聖凡情盡，體露真常，體若虛空，真常本寂，無三界可出，無菩提可求，一道空平，迥然獨說，謂之寶王三昧，亦名大總持門，祖師門下謂之金剛王寶劍」。詳於《大正藏》第八十冊頁 324 中。

圓至頓之法門也」。[71]中國歷代諸師對「念佛三昧」還有底下幾種的分類，例舉如下：

（一）唐‧懷感大師之《釋淨土群疑論‧卷七》舉出「有相、無相」二種念佛三昧，明示欲得「無相念佛三昧」者，應念「法身佛」；而欲得「有相念佛三昧」者，則念「報身佛」和「化身佛」。[72]

（二）隋‧智顗大師之《五方便念佛門》舉出五種念佛法門。

   ❶「稱名往生念佛三昧門」(凝心禪)。指行者於念佛時，則必生起「願生淨土」之心。

   ❷「觀相滅罪念佛三昧門」(制心禪)。即一心觀想佛之相好光明，以此光明照觸一切「罪障」，令其悉皆消滅。

   ❸「諸境唯心念佛三昧門」(體真禪)。指所觀之佛，乃從自心而起，別無境界。

   ❹「心境俱離念佛三昧門」(方便隨緣禪)。指觀想之心，亦無自相可得。

   ❺「性起圓通念佛三昧門」(息二邊分別禪)。行者趣深寂定，放捨一切「心意、意識」，蒙十方佛之加被護念，於此則「智門」興起，任運無礙，成就圓滿功德。[73]

（三）唐‧澄觀大師之《華嚴經疏‧卷五十六》舉出五種念佛法門。

   ❶「緣境念佛門」。

   ❷「攝境唯心念佛門」。

   ❸「心境俱泯念佛門」。

   ❹「心境無礙念佛門」。

---

[71] 詳《大正藏》第四十七冊頁 354 中。
[72] 詳《大正藏》第四十七冊頁 74 上。
[73] 以上內容詳閱智顗大師之《五方便念佛門》。《大正藏》第四十七冊頁 82 上。

❺「重重無盡念佛門」。[74]

（四）唐‧宗密大師之《華嚴經行願品別行疏鈔‧卷四》舉出「稱名念佛、觀像念佛、觀想念佛、實相念佛」等四種念佛。

❶「稱名念」：專心「稱念」佛名。

❷「觀像念」：觀念塑畫等之「佛像」。

❸「觀想念」：觀想佛之「相好」。

❹「實相念」：觀自身及一切法之「真實相」。[75]

（五）唐‧飛錫大師之《念佛三昧寶王論》舉出「三世佛通念法」。

❶「念現在佛」：專注一境，而圓通「三世」。

❷「念過去佛」：知佛與眾生乃迷悟之別，然二者之因果相同，無有二致。

❸「念未來佛」：生起一切眾生平等而皆為「未來諸佛之心」。[76]

　　從歷代諸師的分類來看，「念佛三昧」無異是修行法門中最熱門的話題。大勢至菩薩的「念佛觀」在《觀無量壽佛經》上有詳細介紹外，再來即是《楞嚴經》卷五末的經文，經云：「彼佛教我『念佛三昧』」。[77]「念佛三昧」雖然包括了「實相念佛」（如《文殊般若經》、《大智度論》）、「觀想念佛」（如《觀佛三昧海經》、《坐禪三昧經》）、「觀像念佛」（如《觀無量壽經》、《大寶積經‧卷八十九》）及「持名念佛」四種方法，[78]而大勢至菩薩的「都攝六根」正是屬於「持名念佛」之法。

---

[74] 見唐‧澄觀大師《大方廣佛華嚴經疏‧卷五十六》，詳《大正藏》第三十五冊頁924中。或見新羅‧義湘《法界圖記叢髓錄》，詳《大正藏》第四十五冊頁758下。

[75] 以上詳見《卍續藏》第 7 冊頁 914 上—下。

[76] 以上三種念佛詳見《大正藏》第四十七冊頁 141 中。

[77] 詳《大正藏》第十九冊頁 128 上。

[78] 據宗密之《華嚴經行願品別行疏鈔‧卷四》舉出四種念佛之法。詳見《卍續藏》第 7 冊頁 914 上—下。

「念佛三昧」之功夫在「天台」上還有「四教」的不同，各各都有「念自、念他、自他俱念」三種差別，下面再舉蕅益大師之說，並繪圖製表以利對照：[79]

[79] 見《楞嚴經玄義文句‧卷五》，詳《卍續藏》第二十冊頁 616 上—617 上。

──念佛三昧與四教儀之關係──

底下內容乃據明・智旭撰　道昉參訂《楞嚴經文句・卷五》的內容重新製

表：（詳《卍續藏》第十三冊頁 309 下）

	藏	通	別	圓
念自佛	觀此「六根」無「我、我所」，證入「滅諦」涅槃。	觀「六根」當體即「空」，非滅「空」故。	觀「六根」依「無明」有，斷「無明」故，九界「六根」得滅，佛界「六根」得成。	「六根」皆「如來藏」。「如來藏」中，性見覺明，覺精明見，如一「見根」，見周法界。聞嗅覺知，亦復如是，妙德瑩然，周遍法界。
念他佛	以此「六根」，緣佛「三十二相」，「八十種好」，滅罪生福，成出世因。	「六根」如幻，「佛身」亦然，以「如幻根」緣「如幻佛」，滅「如幻罪」，生「如幻福」，乃至得證「如幻涅槃」。	正因佛性，雖復理同，我無緣了，諸佛已具，緣念諸佛果中勝德，不生疲厭。	觀一佛身，即是一切諸佛之身。觀一相好即是一切相好之海。稱一佛名，即是一切諸佛之名。觀一法門，即是一切微妙法門。觀於佛土一塵一法，即是一切諸塵諸法。見一色身，即是圓見法報化身。瞻一影像即如來三身實相。
自他俱念	緣想「佛境」，攝我「六根」，為欲淨諸「戒品」，生定發慧，現證果故。	「所念、能念」無二幻故，托「如幻境」，成「如幻觀」。	我與諸佛，三因平等，諸佛圓證，我今在迷，先念「化身佛」助我緣因，次念「報身佛」助我了因，後念「法身佛」顯我正因。	諸佛乃眾生心內之佛，眾生乃諸佛心內眾生，觀身實相，觀佛亦然。全繇性具「三德」成彼諸佛果上「三身」，觀彼諸佛果上「三身」，即發自心本有「三智」。

　　上表所說「念自、念他、自他俱念」不只是大勢至菩薩才有，《楞嚴經》二十五聖，法法皆不離這三種念佛法，只是有「通」有「別」。若依「念自佛」論，則「二十四聖」都是「念自佛」的修證，採「一重能所」[80]的方式修習，皆以「六根」為「所觀」，以「妙觀察智相應心品」為「能觀」。[81]如《央掘魔羅經·卷三》云：「所謂彼眼根，於諸如來常，決定分明見，具足無減修……所謂彼身根，於諸如來常，決定分明觸，具足無減修……所謂眼入處，於諸如來常，明見來入門，具足無減修」。[82]亦如《楞嚴經·卷五》云：「使汝輪轉生死結根，唯汝六根，更無他物。汝復欲知無上菩提，令汝速證安樂解脫寂靜妙常，亦汝六根，更非他物」。[83]這種「念自佛」法具攝一切「經教」及一切禪宗直指「見性成佛」的法門。

　　若依「念他佛」論，則大勢至與餘「二十四聖」有別，大勢至是採「二重能所」方式修習，[84]以「妙觀察智」為「能觀」，「六根」為「所觀」；為「第一重能所」。以「六根」為「能念」，「諸佛果德」為「所念」；為「第二重能所」。由「第六識」夾持「六根」專注於「佛號」而念，使眼常瞻「佛相」、耳常聞「佛教」、鼻常嗅「佛香」、舌常稱「佛號」、身常禮「佛像」、意常緣「佛法」，六根所注，無非佛境；如是「相繼」無間無雜，這是其餘「二十四聖」所沒有的功夫。

---

[80] 「一重能所」與「二重能所」採用蕅益大師之說，見《楞嚴經玄義文句·卷五》，詳《卍續藏》第二十冊頁616上。

[81] 行策大師則認為：「同以『根性』為所念法門，以『旋湛』為能念方便」，見《楞嚴經勢至圓通章解》，詳《卍續藏》第二十四冊頁929下。

[82] 詳《大正藏》第二冊頁531下—532上。

[83] 詳《大正藏》第十九冊頁124下。

[84] 「一重能所」與「二重能所」採用蕅益大師之說，見《楞嚴經玄義文句·卷五》，詳《卍續藏》第二十冊頁616上。

　　若依「自他俱念」，則大勢至與餘「二十四聖」有「同」亦有「別」，「同」的是「二十五聖」皆「心、佛及眾生，是三無差別」，[85]「自他」本自不二，生佛一如，心土不二。[86]眾生乃諸佛心中眾生，諸佛乃眾生心內之佛。全他即自，全自即他。[87]「不同」的是其餘諸聖皆以「諸根」入道，唯觀音以「耳根」入道，而大勢至則「我無選擇，都攝六根」以「根性」入道，所以是「不假方便、自得心開」的最勝義方便道修法。

（三）母子相憶

　　本節探討大勢至「念佛圓通章」中「如母憶子，如子憶母」的念佛觀。「母子相憶」本身就是一種「因果」關係，如下圖所示：

母 ➝ 身有香 ➝ 無生忍 ➝ 攝念佛人 ➝ 得三摩地 ➝ **果**
子 ➝ 染香人 ➝ 念佛心 ➝ 歸於淨土 ➝ 淨念相繼 ➝ **因**

　　陳健民之《淨土五經會通資料全集》更將母子關係相配於「五智」，如云：[88]

　　　母表法身➝法界體性。
　　　子表成佛➝成所作。

---

[85] 參《華嚴經·卷十》，詳《大正藏》第九冊頁465下。

[86] 「生佛一如，心土不二」句引用自清·行策大師之《楞嚴經勢至圓通章解》。詳《卍續藏》第十六冊頁393上。

[87] 「全他即自，全自即他」二句的靈感引用自明·智旭大師之《阿彌陀經要解》云：「全事即理，全妄即真，全修即性，全他即自」。詳《大正藏》第三十七冊頁364下。

[88] 詳見陳健民《淨土五經資料全集》。台北：圓明出版社出版，頁81。

> 如子憶母➜妙觀察。
> 母子相憶➜平等性。
> 如母憶子➜大圓鏡。

　　《楞嚴經》云：「十二如來，相繼一劫……十方如來，憐念眾生，如母憶子，若子逃逝，雖憶何為。子若憶母，如母憶時，母子歷生，不相違遠」。經文中的「十二如來，相繼一劫」可看出一種互相的「傳承」性，這種「相繼傳承」的教授「念佛法門」即是一種「子承父業」的修法。從第一尊<u>無量光佛</u>到最後一尊<u>超日月光佛</u>都是相承的教授「念佛法門」；這可以說是一種「顯修」。

　　下面「如母憶子」的「母子相憶」可說是一種「密修」，母親比如<u>阿彌陀佛</u>，兒子比為眾生，觀想<u>彌陀</u>念念不捨眾生之恩，其四十八願念念為度眾生歸淨土。再進一層觀修，眾生與母親無二無別，母親具足一切功德法財，眾生亦具一切功德法財。眾生即母親，母親即眾生，母子不二，二者無二無別，底下製表格來說明這個觀點。

子承父業	是「念」中攝「願」。顯修也。	即念念智投(彌陀)「願海」。	攝《普賢行願品》之「因該果海」。[89] 攝《無量壽佛經》之「果徹因源」。[90]

---

[89] 「因該果海」句詳見唐·<u>澄觀</u>別行疏 <u>宗密</u>隨疏之《華嚴經行願品疏鈔》卷 1。詳《卍續藏》第五冊頁 233 下。

[90] 「果徹因源」句詳見清·<u>魏源</u>會譯之《無量壽經會譯·卷一》云：「故《無量壽經》，

子母不二	是「觀」中攝「行」。密行也。	即心心境緣(西方)「樂土」。	攝《觀無量壽佛經》及《阿彌陀經》,含有密部的「生圓」修法。
「念」中攝「觀」,「觀」中攝「念」。		則「因果」互融於「佛智」,一念緣現「妙相」,三十二相悉於念中圓明。	
「願」中攝「行」,「行」中攝「願」。		則「事理」圓洽於「莊嚴」。勝境概由願成,「四十八願」悉於境中表行。	

1 如母憶子

　　「大勢至菩薩念佛圓通章」中的「如母憶子」可作二種解釋。第一種解釋是:母為佛、子為眾生,「母憶子」則常為眾生「除罪」,以佛之大慈悲力攝受眾生,並令眾生斷一切惡,修一切善,在《佛說無量清淨平等覺經‧卷四》云:「令絕五惡,令去五痛,令去五燒」。[91]《佛說觀無量壽佛經》中則更強調佛力的加被,如「九品往生」中的「下品上生」云:「稱南無阿彌陀佛,稱佛名故,除五十億劫生死之罪」。[92]「下品中生」云:「讚說阿彌陀佛十力威德,廣讚彼佛光明神力……此人聞已,除八十億劫生死

至今叢林不列于日課,使我佛世尊。因該果海,果徹因源之大願」。詳《卍續藏》第一冊頁71上。

[91] 詳《大正藏》第十二冊頁295中。「五惡」指「殺生、偷盜、邪婬、妄語、飲酒」。造五惡者,於「現世」之中,王法治其罪,身遭厄難,稱為「五痛」。將於「未來世」受「三途」果報,稱為「五燒」。

[92] 詳《大正藏》第十二冊頁345下。

之罪」。[93]「下品下生」云：「歸命<u>無量壽佛</u>，如是至心，令聲不絕，具足十念稱南無<u>阿彌陀佛</u>，稱佛名故，於念念中，除八十億劫生死之罪」。[94]故此經又名為「淨除業障生諸佛前」。[95]《佛說觀無量壽佛經》的「十六觀」中則云：一至三觀，除八十億劫生死之罪。四至六觀則除無量劫極重罪業。七觀除五萬億劫生死之罪。八觀除無量億劫生死之罪。九至十觀不遇諸禍淨除業障，除無量劫生死之罪。十一觀除無量劫阿僧劫生死之罪……等等。以上經文再再的說明「彌陀」名號為除「重罪」的功德殊勝力。

　　「如母憶子」的第二種解釋是淨土法中的「他力」思想，這種「他力」思想是<u>彌陀</u>不可思議的「願力」所成。諸如《阿彌陀經》云：「當知我於五濁惡世，行此難事……為一切世間說此難信之法，是為甚難」[96]。《觀無量壽佛經》云：「以佛力故，當得見彼清淨國土」[97]「佛菩薩像皆放妙光……及諸寶樹、鳧雁、鴛鴦皆說妙法」。[98]<u>阿彌陀佛</u>及<u>觀世音</u>并<u>大勢至</u>，與諸眷屬持金蓮華，化作五百化佛，來迎此人」。[99]《佛說無量壽經》中的十八願「乃至一念，至心迴向願生彼國，即得往生住不退轉，唯除五逆、誹謗正法」。[100]《佛說無量壽經》中還有很多這種「他力」的觀點，如下所舉：

---

[93] 詳《大正藏》第十二冊頁 345 下。
[94] 詳《大正藏》第十二冊頁 345 下。
[95] 詳《大正藏》第十二冊頁 346 中。
[96] 詳《大正藏》第十二冊頁 348 上。
[97] 詳《大正藏》第十二冊頁 341 下。
[98] 詳《大正藏》第十二冊頁 343 中。
[99] 詳《大正藏》第十二冊頁 345 上。
[100] 詳《大正藏》第十二冊頁 272 中。

「具足五劫，思惟攝取莊嚴佛國清淨之行」。[101]

　➜乃為吾人而發。

「於不可思議兆載永劫，積殖菩薩無量德行」。[102]

　➜乃為吾人而修。

「我哀愍汝等諸天人民，甚於父母念子」。[103]

　➜乃為吾人而念。

2　如子憶母

　　「大勢至菩薩念佛圓通章」中的「如子憶母」亦可作二種解釋。第一種解釋是指：眾生（子）常思惟、憶念佛（母）之萬德莊嚴，三劫修福，六度圓滿。則「如子憶母」者必常思「積善」。如《觀無量壽佛經》云「修三福，發菩提心」[104]、「孝養父母，奉事師長，慈心不殺，修十善業……受持三歸，具足眾戒，不犯威儀…深信因果，讀誦大乘」等；[105]都是屬於「如子憶母」的積德培福行門。《阿彌陀經》說「不可以少善根福德因緣，得生彼國」。[106]《無量壽經》上則說：「貯功德示福田」、「純孝之子，愛敬父母，於諸眾生，視之若己」[107]、「三輩之善」。「捨家棄欲作沙門；奉持齋戒立塔像；至誠心願生其國」[108]等。《佛說無量清淨平等覺經》亦云：「長

---

101 詳《大正藏》第十二冊頁 267 下。
102 詳《大正藏》第十二冊頁 269 下。
103 詳《大正藏》第十二冊頁 277 下。
104 詳《大正藏》第十二冊頁 340 下。
105 詳《大正藏》第十二冊頁 341 下。
106 詳《佛說阿彌陀經》。《大正藏》第十二冊頁 347 中。
107 詳《佛說無量壽經・卷一》。《大正藏》第十二冊頁 266 中。
108 詳《佛說無量壽經・卷二》。《大正藏》第十二冊頁 272 中。

與道德合明，然善極相保守」、[109]「要當作善」[110]等語。

　　「如子憶母」的第二種註釋是指：淨土中的「自力」門，如《無量壽經》上云：「日夜稱說，至心不斷」[111]、「一向專念無量壽佛。多少修善、奉持齋戒」[112]。《無量壽經》中所提倡之「十三力」中，[113]其實以「自力」居多。又《觀無量壽佛經》則云：「修三福」[114]、「稱南無阿彌陀佛，稱佛名故，除五十億劫生死之罪」[115]、「具足十念稱南無阿彌陀佛，稱佛名故，於念中，除八十億劫生死之罪」。[116]《稱讚淨土佛攝受經》云：「無量善法漸次增長」。[117]《阿彌陀經》更云：「聞說阿彌陀佛，執持名號，若一日……若七日，一心不亂」[118]等語。是故「如子憶母」亦可解為眾生自己「努力念佛、修善積福」求往生的一種「自力」。

　　上面分別討論了「如母憶子、如子憶母」及「自力、他力」的關係，進而可整合為「自他不二」的圓融理論，如明・紅螺造鈔 達林參訂的《佛說阿彌陀經要解便蒙鈔・卷下》便云：「此之法門，全在『了他』即『自』。

---

[109] 詳《佛說無量清淨平等覺經・卷三》。《大正藏》第十二冊頁 295 上。

[110] 詳《佛說無量清淨平等覺經・卷三》。《大正藏》第十二冊頁 293 上。

[111] 詳《佛說無量壽經・卷一》。《大正藏》第十二冊頁 270 中。

[112] 詳《大正藏》第十二冊頁 272 中。

[113] 西方淨土之菩薩，具足「十三力」，而能「自利利他」。即：❶因力：宿世之善根力。❷緣力：善智識之教誨力。❸意力：如理作意之力。❹願力：求菩提之力。❺方便力：依法巧修之力。❻常力：常依法而修之力。❼善力：正修之善根力。❽定力：修止成就之力。❾慧力：修觀成就之力。❿多聞力：多聞信正法之力。⓫持戒、忍辱、精進、禪定力。⓬正念、正觀諸通明力：即成就「正念、正觀」六通三明之力。⓭如法調伏諸眾生力：即如法調伏剛強眾生之力。

[114] 詳《佛說觀無量壽佛經》。《大正藏》第十二冊頁 341 下。

[115] 詳《大正藏》第十二冊頁 345 下。

[116] 詳《大正藏》第十二冊頁 345 下。

[117] 詳《大正藏》第十二冊頁 349 上。

[118] 詳《大正藏》第十二冊頁 347 中。

若許譁言『他佛』，則是他見未忘；若偏重『自佛』，卻成我見顛倒」。[119]大師之說正是會合「如母憶子，如子憶母，二憶念深」的「自他不二」，或可言即為「了他即自、了自即他」；「全他即自、全自即他」[120]的不二妙法！

　　「母子相憶」之說，正明示如來徹底之大悲心，因為眾生不憶如來時多，如來憶念眾生時則多，如《（北）涅槃經・卷二十》云：「譬如一人而有七子，是七子中一子遇病，父母之心非不平等，然於病子心則偏多。大王！如來亦爾，於諸眾生非不平等，然於罪者心則偏重，於放逸者佛則慈念」。[121]足證明如來憶念罪惡深重的眾生時候多，因眾生大多是「心常念惡，口常言惡，身常行惡，曾無一善」。[122]而彌陀的本願正是在救——特別病重的眾生，所以彌陀雖云要拯救十方眾生導歸其淨土，然而似乎有「惡人尚能往生，何況善人」[123]的「不可思議」願力！

---

[119] 詳《卍續藏》第二十二冊頁 872 中。
[120] 「全他即自，全自即他」二句的靈感引用自明・智旭大師之《阿彌陀經要解》云：「全事即理，全妄即真，全修即性，全他即自」。詳《大正藏》第三十七冊頁 364 下。
[121] 詳《大正藏》第十二冊頁 481 上。
[122] 出自《無量壽經・卷下》，詳《大正藏》第十二冊頁 277 上。
[123] 此句是《嘆異鈔》之語，只是強調「惡人正機」，不可謂「五逆、誹謗正法」者一樣得生而廣行惡事。

第三節　攝六根與淨念繼

　　若依大勢至菩薩的修法是「都攝六根、淨念相繼」，在二十五聖中是歸於七大的「見大」（根大）上，「見大」是統攝「見、聞、嗅、嚐、覺、知」這六根之「性」。若能「都攝」六根去執持佛號，不令「六根」對「六塵」起貪染，則必可入「無生法忍，得三摩地」。《楞嚴經》上認為：「一根既返源，六根成解脫」[124]、「六根亦如是，元依一精明，分成六和合，一處成休復，六用皆不成」，[125]只要一根得「返源」，則六根必可解脫。今大勢至的方法則是「都攝六根、淨念相繼」的去執持佛號即可得解脫，為什麼「都攝六根、淨念相繼」就能得解脫？這在下面將詳細分析此理。

（一）都攝六根

　　「大勢至菩薩念佛圓通章」中的「都攝六根」文，到底是怎麼的「都攝」法？如何「都攝」？歷代註家對「都攝六根」之釋頗多差異。通俗的解釋是：[126]

　　　　「妙觀察智」為能觀，「六根」為所觀。「六根」為能念，「諸佛果德」為
　　　　所念。由「第六識」夾持「六根」，專注佛境。如：
　　　　眼所見無非佛色。
　　　　耳所聞無非佛聲。
　　　　鼻所嗅無非佛香。

---

[124] 詳《大正藏》第十九冊頁 131 上。
[125] 詳《大正藏》第十九冊頁 131 中。
[126] 此以蕅益大師之說為主。《楞嚴經玄義文句·卷五》，詳《卍續藏》第二十冊頁 616 上。

舌所宣無非佛號。

身所對無非佛境。

意所緣無非佛法。

此則該攝《彌陀》、《藥師》、《上生》等經，及蓮社事想法門，罄無不盡也。

同於這種說法的有印光大師、溥畹大師[127]……等。尤以印光大師可說是歷代對「都攝六根」的解釋最詳盡的一位，如云：

念佛用功最妙的方法，是「都攝六根，淨念相繼」。「都攝六根」者，即是念佛之心，專注於佛名號，即攝意根。口須念得清清楚楚，即攝舌根。耳須聽得清清楚楚，即攝耳根，此三根攝於佛號則眼決不會亂視。念佛時眼宜垂簾，即放下眼皮，不可睜大。眼既攝矣，則鼻也不會亂嗅，則鼻亦攝矣。身須恭敬，則身亦攝矣。六根既攝而不散，則心無妄念，唯佛是念，方為淨念。六根不攝，雖則念佛，心中仍然妄想紛飛，難得實益若。能「都攝六根」而念，是名「淨念相繼」。能常常「淨念相繼」，則一心不亂，與念佛三昧，均可漸得矣。祈注意，但祈「都攝六根，淨念相繼」，則業消智朗，心地開通。何愁不解經義乎哉？祈勉力。[128]

印光大師之意認為念佛時，心中（意根）念得清清楚楚，口中（舌根）也要念的清清楚楚，耳中（耳根）要聽得清清楚楚的，如此「三根」會被一句佛號所「攝」著。此時眼睛（眼根）就不會東張西望，鼻子（鼻根）也不會去嗅其他的氣味，身體（身根）也不會去懶惰懈怠。如此一來因為執

---

[127] 詳《楞嚴經寶鏡疏‧卷五》，詳《卍續藏》第九十冊頁749下。
[128] 詳《印光法師文鈔三編‧下冊》頁921。答幻修學人問。

持一句佛號而將「六根」全給「攝」住，六根已不再向外六塵攀緣，就可達到以真正的「清淨心」去執持佛號；再以此「淨念」再不斷的「相繼」下去，則「妄心」無處可生，自可歸心「一處」。此時則達上面所說的「眼所見無非佛色、耳所聞無非佛聲、鼻所嗅無非佛香、舌所宣無非佛號、身所對無非佛境、意所緣無非佛法」。功夫淺的話，可得「一心」；功夫深的話，必可得「三昧」之「正定正受」，這是印光大師對「都攝六根」的修行方法論。

那究竟是以那一「根」去念佛呢？印光大師的解釋是：「『都攝』注重在『聽』，即心中默念也要『聽』，以心中起念即有聲相，自己耳聽自己心中之聲明明了了，果能字字句句聽得清楚，則『六根』通歸於『一』也」。[129]大師這種說法明顯的著重於「耳聞」，即無論「出聲念、閉聲念、金剛念、意念」都必須不離以「耳」去「持聞」一句佛號，這是大師結合了觀音耳根聞性之「反念念自性，性成無上道」之法。筆者認為大師之說並沒有清楚說明整個「反念念自性」的過程，故筆者取大師之意再加以分析如下說明。

應以「意根」起念佛號後，由「舌根」出聲而念，再由「耳根」反聞「自性佛號」。則「意根」與「舌根」乃「雙出」，再獨由「耳根」「雙入」，那麼「雙出又雙入、即出又即入、即入又即出」，如此一直念下去，必可達「全出即入、全入即出」之定，進而達到「非出非入，非入非出，出入雙泯」之境；則此時「根、塵、識」當下消泯，即等同於觀音法門的「生滅既滅，寂滅現前」之境。[130]既然能達「即出即入、出入雙泯」之功，則「六根互用」

---

[129] 《印光法師文鈔三編·下冊》頁 275—276。復楊煒章居士書，

[130] 筆者的這種說法非獨創，乃來自妙空大師開示所得的「靈感」，大師嘗云：「精進從音聲入，六根之中耳根最靈，舌根運出，耳根運入，非舌非耳，即出即入……故

自然現前。非「六根、六塵、六識」念佛；亦是「六根、六塵、六識」念佛，「雙非又雙是、雙非又雙是」正是《楞嚴經》「離即離非、是即非即」[131]之「如來藏」性。

　　再簡言之，此時是「意根」念佛、亦是「舌根」念佛、亦是「耳根」念佛、亦是「眼根、鼻根、身根」等之念佛，「六根」無一不是念佛之根，這就是《楞嚴經》所提倡的「即一即六、非一非六」[132]如來藏性的最高念佛境界。印光大師與「觀音耳根」結合的修法；不但不會落入「念性生滅」之弊，還可達「旋聞與聲脫」[133]的大圓通解脫境界，果真是「禪淨雙修」，有禪有淨土的「性成無上道」！以上是蕅益與印光諸家對「都攝六根」的解說。

　　另一說以守培大師為主：

眼根見色如幻，即名念佛。
耳根聞聲如幻，即名念佛。
鼻根嗅香如幻，即名念佛。
舌根知味如幻，即名念佛。
身根覺觸如幻，即名念佛。
意根知法如幻，即名念佛。

　　守培大師認為：「六根對六塵反緣，在在處處無不是念佛，是名無選

　　曰都攝六根，淨念相繼」。見《卍續藏》第一一〇冊頁 102 上。
[131] 此二句出自《楞嚴經・卷四》。詳《大正藏》第十九冊頁 121 上。
[132] 詳《楞嚴經・卷四》云：「應知非一終六，非六終一，終不汝根元一元六。阿難！當知是根，非一非六」。詳《大正藏》第十九冊頁 123 上。
[133] 詳《楞嚴經・卷六》。《大正藏》第十九冊頁 131 上。

擇都攝六根,名為念佛。若但以舌根念佛,則同於舌識圓通,何名根大圓通?何名都攝六根?六根緣六塵,名為染念,觀六塵性空,名為淨念,如是『淨念相繼』,名為念佛」。[134]又說「若以舌根執持佛名,耳聞佛聲,鼻嗅佛香、舌嘗佛味、身覺佛觸、心想佛國,如是六根貪戀六塵,背覺而合塵,是名放六根,非攝六根,是念假佛而違真佛,予不取也。[135]近於此說的則有交光大師[136]、通理大師[137]、圓瑛大師[138]……等。

　　筆者認為守培大師主要是從「理」上來說,或者可以強做個分別。印光大師是從「事」、從「作用」說,故「六根」無不是「佛色、佛聲、佛香」等,能「都攝六根」,則「六根全佛、全佛即六根」;而守培大師則是從「理」上說,六根皆幻,六根皆非,非一非六,會六根為「根性念佛」,這有強烈的「實相念佛」味。

　　以上二說,各有優勝,若以「事理」分之,則印光大師的「執持名號」以「專注於佛名號,即攝意根。口須念得清清楚楚,即攝舌根。耳須聽得清清楚楚,即攝耳根」為「事修」。守培大師的「耳根聞聲、舌根知味、意根知法皆如幻」屬「理修」。事理雖為二,其實是互通的。因為如果專

---

[134] 見《楞嚴經妙心疏·卷五》頁 23。《佛教藏》第一二一冊頁 401。

[135] 見《楞嚴經妙心疏·卷五》頁 23。《佛教藏》第一二一冊頁 401。

[136] 大師云:「都攝六根者,令六根不動也。淨念相繼者,即圓照三身四土也」。既言「六根不動」,則有可能是同於蕅益大師的「眼所見無非佛色」,或同於守培大師的「眼根見色如幻」的「六根不動」法。見《楞嚴經正脈疏·卷五》,詳《卍續藏》第十八冊頁 629 上。

[137] 大師云:「眼不觀色、耳不聽聲等,攝六和合,歸一精明也。一精明心離於分別,如是念佛名曰淨念,常念常淨,常淨常念,名曰相繼」。見《楞嚴經指掌疏·卷五》,詳《卍續藏》第二十四冊頁 507 上。

[138] 大師說:「都攝六根,外不擇眼耳等六根之相,內不擇見聞等六根之用。都攝者,唯攝一精明,不令託根緣塵,則一精既攝,六用不行,而六根都攝矣」!見《楞嚴經講義》頁 931。

注於「執持佛號」，則眼根所見「色塵」，無一不是佛，「色塵」之境自然被「收攝」起來，即同於守培大師說的「眼根見色如幻，即名念佛」。同理，「耳根」若專注於聽佛號，則耳根所聞之「聲塵」，自然無一不是佛聲，即同「耳根聞聲如幻，即名念佛」。「意根」若專憶於佛號，即同於「意根知法如幻，即名念佛」。

守培大師是直接觀「六根」與「六塵」之虛妄性，而去念佛，似同於四種念佛法中的「實相念佛」；印光大師是以「專持佛號」去達「六塵」本妄之境，以「執持佛號」之法去「都攝六根」對「六塵」之執著，再不斷的「淨念相繼」下去，則必可證入「三摩地」之果；此即「四種念佛」法中之「持名念佛」。所以「都攝六根」之法是一心「執持名號」，以「執持名號」而達「六塵皆佛」或「六塵皆妄」之境。

以上印光(事持)與守培(理持)兩者仍是以「念而無念、無念而念」為最高境界。「念而無念」是「六塵皆佛、六根皆佛、六識皆佛」；「無念而念」是「六塵皆妄、六根皆妄、六識皆妄」。「根、塵、識」三者皆「雙念」又「雙泯」。

明・蓮池大師的《彌陀疏鈔・卷三》上曾說：「執持名號，一心向往，即『事一心』；執持名號，還歸自心，即『理一心』」。[139]明・蕅益大師之《彌陀要解》亦云：「不論『事持、理持』，持至伏除煩惱，乃至『見思』先盡，皆名為『事一心』。不論『事持、理持』，持至心開見本性佛，皆『理一心』」。[140]所以印光的「事一心」（事）與守培的「理一心」（理）之說，兩者都是「事理」的一種「互用、互轉」之妙，或云「即事即理」、或云「即理即事」，其

---

[139] 詳《卍續藏》第三十三冊頁 442 上。

[140] 詳《大正藏》第三十七冊頁 371 中。

實「事理」皆是「不二」也。

（二） 淨念相繼

《楞嚴經》中對「諸行是無常，念性元生滅，因果今殊感，云何獲圓通」之句，諸家祖師見解頗為不齊，這主要是對「淨念相繼」的解釋不同，而將之套在「無常、生滅」上來說。一般的解釋是：凡有運動遷流或起心動念者，都屬「行陰」，[141] 皆是無常生滅之法相，雖然大勢至菩薩云「都攝六根、淨念相繼」，而「淨念」終成「有念」，而「相繼」則難免會有生滅，所以若是以此生滅之因，而求現證其不生不滅的圓通，這是不可能的。這樣的說法見於明·蕅益大師[142]、明·鍾惺[143]、明·交光大師[144]、清·行策大師[145]、明·一松大師[146]、清·通理大師[147]、清·溥畹大師[148]及

---

[141] 關於念佛之性屬「行陰」的部份，在此暫不討論，移於第五節「貴觀音而遺勢至」之「念性生滅」一節詳細討論。

[142] 大師說：「初心若依根大念弗，既未拔除結根，則六根只屬有為諸行，體是無常，而能念之性，亦元生滅，此則生滅為因，難感不生滅果，故名殊感」。見《楞嚴經文句·卷六》，詳《卍續藏》第二十冊頁 638 下。

[143] 詳於《楞嚴經如說·卷六》，詳《卍續藏》第二十冊頁 884 上—下。

[144] 《楞嚴經正脈疏·卷六》，詳《卍續藏》第二十冊頁 668 上。

[145] 大師說：「且既令專選一門，何得不揀勢至？觀其揀辭，仍與諸聖不同，但曰因今殊感，云何獲圓通？意謂彼雖都攝六根，淨念相繼，而此相繼之念，既屬行蘊遷流，亦生滅法，以此為因，欲往生見佛，誰曰不可？今欲現證不生滅圓通，則因果不符，何能克獲」？見《楞嚴經勢至圓通章解》，詳《卍續藏》第二十四冊頁 931 下。

[146] 詳於《楞嚴經祕錄·卷六》，詳《卍續藏》第二十冊頁 283 下—284 上。

[147] 大師云：「念性亦屬行陰遷流，同為無常故……取念佛求生，已落行陰，故在所揀」。見《楞嚴經指掌疏·卷六》，詳《卍續藏》第二十四冊頁 544 下。

[148] 大師說：「然而凡有舉心動念，屬諸行陰，皆是無常之法，縱然淨念相繼，都攝六種根性，元不離於前後相續生滅心也……依此生滅念心，以速獲不生滅之圓通者，豈不難耶」！則因果不類，自難得矣」！見《楞嚴經寶鏡疏·卷六》，詳《卍續藏》第九〇冊頁 772 上。

民國・圓瑛大師[149]和守培大師[150]……等人。

　　在諸家祖師中，宋・子璿大師、清・行策大師、清・靈耀大師與清・溥畹大師有另一新的看法，就是說雖然「念佛」之性是「生滅」的，不能獲得「不生不滅」的佛果，但唯有「念佛」一法可以「生滅」因感「不生不滅」果，此乃是彌陀大悲大願的「四十八願力」所攝。如清・行策大師云：「此揀現獲圓通為難，非揀往生後益也。其餘諸聖單念自佛，唯屬現修現證，故揀則全揀，以不逗此土機宜，不合此方教體故也。有志修證者，亦可以深長思矣」。[151]大師以餘之二十四聖皆是「念自佛」的「現修現證」，唯獨勢至是「憶佛念佛、必定見佛」的「全自即他、全他即自」[152]的「自他不二」法門。子璿與溥畹大師則說：「然念佛法門，此方最要，雖云生滅，要因想念專注在懷，兼佛願力，直生淨土，往彼國已，進行彌速，即證有期」[153]、「然諸法門，唯此一門，能以生滅因，感生滅果，學者不可不知，幸毋輕忽自棄浮囊。何則？此是諸佛方便中方便，仍他力法門也。所以智愚並攝，利鈍兼收」。[154]又清・靈耀大師《楞嚴經觀心定解・卷五》的說法亦是：念佛是生滅因，但獨得此一門可「由『生滅』因而得『不生不滅』之果，所感之果與因『殊異』，以『他力』故，入『無生忍』。因不該果非圓，因不通果非通」。[155]

---

[149] 參《楞嚴經講義》頁 1032。

[150] 大師說：「六根緣六塵，隨塵遷流，故曰諸行，一涉遷流，則非常住，故曰無常，念佛之念性，元來念念生滅不停，要以生滅之因，感不生滅之果，因果殊異，云何獲圓通」？見《楞嚴經妙心疏・卷六》頁 19。《佛教藏》第一二一冊頁 439。

[151] 《楞嚴經勢至圓通章解》，詳《卍續藏》第二十四冊頁 931 下—932 上。

[152] 「全他即自，全自即他」二句的靈感引用自明・智旭大師之《阿彌陀經要解》云：「全事即理，全妄即真，全修即性，全他即自」。詳《大正藏》第三十七冊頁 364 下。

[153] 見《首楞嚴經長水疏・卷十二》，詳《卍續藏》第十六冊頁 693 下。

[154] 參《楞嚴經寶鏡疏・卷六》，詳《卍續藏》第九〇冊頁 772 上。

[155] 詳《卍續藏》第二十三冊頁 880 上。

　　宋·吳興 仁岳也有新說，他認為：「勢至念佛，都攝六根，所念之境，必通三身，然子母相憶之喻，多就『應身』而說，是故指同『無常、生滅』也」。[156]這樣把念佛法門通於「三身說」，在經論上是找不到的。經上但言專念一佛，未曾聽說念「法身佛、應身佛」的，如馬鳴的《起信論》云：「若人專念西方極樂世界阿彌陀佛，所修善根迴向，願求生彼世界，即得往生，常見佛故，終無有退」[157]、《無量壽經·卷下》云：「發菩提心，一向專念無量壽」[158]、《般舟三昧經》云：「念西方阿彌陀佛今現在，隨所聞當念，去此千億萬佛剎，其國名須摩提。一心念之，一日一夜，若七日七夜，過七日已，後見之(阿彌陀佛)」[159]……等。清·錢謙益的《楞嚴經疏解蒙鈔》中就針對仁岳師的論點辨說：「若指念『應身佛』是生滅法，亦應指『應身佛』是生滅身。如來廣明念佛法門，但言專念一佛，未聞分別『三身』。既『應化』不是『法身』，即名號有何實相？且如凡夫下品乘華往生，帶業出纏，猛利迴向，彼所念是何身之佛？彼所應是何佛之機？未知岳師作何科判也。若言此中獨顯圓根，抑揚宜爾，則彌陀為慈父，觀音 勢至為二子，何以耳根一門，為大？為圓？念佛一門為偏？為小？既知三身一身，即知三聖一聖，抑揚之道，吾不知其可也」。[160]以上都是歷代諸家註解對「淨念相繼」的看法，下面筆者將此句再作進一步的分析。

　　圓瑛大師云：「『淨念相繼』者，『眾念不生』曰淨，『一心繫佛』曰念」。

---

156 詳《卍續藏》第二十一冊頁 458 上。
157 詳《大正藏》第三十二冊頁 583 上。
158 詳《大正藏》第十二冊頁 272 中—下。
159 詳《大正藏》第十三冊頁 899 上。
160 詳《卍續藏》第二十一冊頁 458 上。

[161]念念相續，無有間斷，一念相應一念佛，念念相應念念佛，[162]即心是佛，即佛是心，念而無念，無念而念，不落空有二邊，即是「實相念佛」義，這正是由「淨念相繼」的功夫所達之境。明・正相大師《楞嚴經勢至圓通章科解》中對「淨念相繼」則解釋云：「念佛心不得一念頃念世五欲等事，為之淨一念為始念，念無間為之相繼」。[163]這是說「淨念」如清珠墮於濁水中，此清珠入水一寸，即得一寸清水，入二寸，即得二寸清水，乃至尺丈次第而至，淵底終有清淨的一天。所以清・夢東禪師說：「清珠下於濁水，濁水不得不清，佛號投於亂心，亂心不得不佛，如此念佛非淨心之要乎」？[164]又云：「所謂執持名號者，即拳拳服膺之謂。謂牢持於心而不暫忘也。稍或一念間斷，則非執持也。稍或一念夾雜，則非執持也。念念相續，無雜無間，是真精進，精進不已，則漸入一心不亂，圓成淨業焉」。[165]大師直認為只要能「淨念相繼」的念佛，則何愁不見彌陀呢？

　　大勢至章經文中說「如染香人，身有香氣」，這是比喻心近於佛，自有「成佛」之分。而染香有香氣，念佛得見佛，這是「因果相稱」之理。如經云：

「我本因地，以念佛心入無生忍」，這是屬——因行。

「攝念佛人，歸於淨土」，這是為——果德。

又「都攝六根，淨念相繼」是為——念佛之真因。

而「現前當來必定見佛」是為——念佛之正果。

---

[161] 此解採圓瑛大師之說，見《楞嚴經講義》頁 931。
[162] 此語為夢東禪師之開示，見《夢東禪師遺集・卷上》，詳《卍續藏》第一〇九冊頁752 下。
[163] 詳《卍續藏》第二十四冊頁 889 上。
[164] 見《夢東禪師遺集・卷上》，詳《卍續藏》第一〇九冊頁 752 下。
[165] 見《夢東禪師遺集・卷上》，詳《卍續藏》第一〇九冊頁 770 上。

可見在大勢至章的經文中，「心、佛、眾生」三者的「因果」是無二無別的。既然「心、佛、眾生」因果無二無別，何有「因果殊感」之惑？況今念佛者能得入「無生忍」是已證得「圓教」的「初住」菩薩，破一品「無明」，證一分「三德」，能分身百界，八相成道之果。諸如《仁王經》云：「無生忍菩薩，所謂遠、不動、觀慧」，[166]「遠」即「第七遠地行」，「不動」即「第八不動地」，「觀慧」即「第九善慧地」。「念佛」為「能入」，此「忍」為「所入」之「無生」之理，始終不異，且不生不滅。又如《楞嚴經・卷八》之「第三增進修行漸次」云：「一切如來，密圓淨妙，皆現其中，是人即獲無生法忍」[167]更明證「無生法忍」者，已得「初住菩薩」聖位，通徹於「等覺菩薩」。[168]這樣的「念佛」觀，如何會感得「無常、生滅、殊感」呢？

　　《楞嚴經》一經全旨始終「唯令確立因果常住信」，[169]如經云：「金礦雜於精金，其金一純，更不成雜。如木成灰，不重為木，諸佛如來菩提涅槃，亦復如是」[170]、「應當審觀因地發心，與果地覺為同為異？阿難！

---

[166] 「無生法忍」（anutpattika-dharma-kṣānti）者，諸經論皆有異說，茲舉懷感《釋淨土疑論・卷六》云：「《仁王般若》說無生法忍在七、八、九地，諸論之中說，無生法忍在於初地，或在忍位。《菩薩瓔珞本業經》說無生法忍在十住位，《華嚴經》說無生法忍在十信。《占察經》說無生法忍在十信前凡夫位……無生忍有六位，❶聞慧在十信前。❷生勝解在十信後。❸思慧在十住後。❹修慧在煖後。❺證得在初地。❻相續在八地，此在因中，佛果圓滿」。以上見《大正藏》第四十七冊頁67中。又「無法忍」若以天台正相大師的解釋是：「念佛心者，念存三觀，佛具三身，心破三惑。若空觀，念報身佛，入伏順二忍，破見思惑，成般若德。若假觀，念應身佛，入無生忍，破塵沙惑，成解脫德。若中觀，念法身佛，入寂滅忍，破無明惑，成法身德。今約因中說證入無生忍，當在分真位也……此因中自利也」。參見正相《楞嚴經勢至圓通章科解》，詳《卍續藏》第二十四冊頁888下。
[167] 詳《大正藏》第十九冊頁142上。
[168] 引見於圓瑛大師《楞嚴經講義》頁1150。
[169] 此語詳見太虛大師《楞嚴經研究》頁142。
[170] 參《楞嚴經・卷四》，詳《大正藏》第十九冊頁120下。

若於因地以生滅心為本修因，而求佛乘不生不滅，無有是處」[171]、「如是三種顛倒相續，皆是覺明明了知性」[172]……等。所以「都攝六根、淨念相繼」不是「口」念，也不是「第六意識」之念，能念的心是「不生不滅」的「常住真心」，唯有以此「真心」的「淨念相繼」念佛，則必得「念佛三昧」之佛果，正如《楞嚴經‧卷四》之「初心第一決定義」云：「得元明覺，無生滅性，為因地心，然後圓成，果地修證」。[173]所以文殊指念佛的「念性元生滅」正是要揀別「不了念佛」真義者，[174]不會用「根性」念佛者！

　　「念佛三昧」是「不生不滅」之行，並非同於「行陰」的「無常」之行，「都攝六根，淨念相繼」是念佛之「真因」，念佛現前必定見佛，是念佛之「正果」，「心、佛、眾生」三者的因果皆是無二無別的。如明‧柴紫大師《楞嚴經講錄‧卷六》云：「我本因地，以念佛證『無生忍』，指『因行』言。今於此界攝念佛歸於淨土者，指『果德』言，乃『因果一如』也」。[175]清‧錢謙益《楞嚴經解蒙鈔》亦云：「染香有香氣，念佛得見佛，『因果相稱』，誰謂不然」？[176]若說是已能「淨念相繼」卻又得「生滅」之果，這是與《楞嚴經》義旨大相違背的。《楞嚴經》所要破斥的正是以「無常心、污染心、夾雜心」念佛者，只一念淨但卻多念不淨，口雖淨而心不淨，事雖淨而理不淨，這樣的「因地不真」，[177]自然得「果招紆曲」之「殊感」果，以間斷雜染的「生滅心」求「不生不滅」的佛果，當然是「無有是處」的。故經云「念性元生滅」是指不能行持「都攝六根、淨念相繼」的修法。

---

[171] 參《楞嚴經‧卷四》，詳《大正藏》第十九冊頁122上—中。

[172] 參《楞嚴經‧卷四》，詳《大正藏》第十九冊頁120中。

[173] 詳《大正藏》第十九冊頁122中。

[174] 此說見於錢謙益的《楞嚴經疏解蒙鈔》，詳《卍續藏》第二十一冊頁457下。

[175] 詳於《卍續藏》第九十冊頁54下。

[176] 詳《卍續藏》第二十一冊頁424上。

[177] 參《楞嚴經‧卷五》，詳《大正藏》第十九冊頁132下。

　　如果「念佛」法門是「生滅無常」之法，則與前文勸人「憶佛念佛」且「以念佛心，入無生忍……淨念相繼，入三摩提」互相矛盾而「自語矯亂」？[178]況文殊菩薩在《文殊師利所說摩訶般若波羅蜜經·卷下》和《大寶積經·卷百十六》皆同云：「能於一佛念念相續，即是念中能見過去未來現在諸佛」[179]、《大方等大集經賢護分·卷一》亦云：「若欲成就菩薩摩訶薩，思惟一切諸佛現前三昧，亦復如是。其三常住此世界中，暫得聞彼阿彌陀如來應供等正覺名號，而能繫心相續思惟，次第不亂……因此三昧得見佛故……若人發心求生此者，常當繫心正念相續阿彌陀佛，便得生也」。[180]只要「念念相續」即得見佛，何況能「淨念相繼」？是一明證也。

　　又《普賢行願品》云：「文殊師利勇猛智，普賢慧行亦復然，我今迴向諸善根，隨彼一切常修學。三世諸佛所稱歎，如是最勝諸大願，我今迴向諸善根，為得普賢殊勝行」。[181]經文言文殊師利和三世諸佛共稱歎「普賢大願」，然普賢大願卻不離「迴向」往生西方，且這種「迴向西方」的心是「無有窮盡，念念相續，無有間斷，身語意業，無有疲厭」的。[182]又經文最後云：普賢菩薩摩訶薩，於如來前，說此普賢廣大願王清淨偈時「文殊師利菩薩而為上首。諸大菩薩，及所成熟六千比丘，彌勒菩薩而為上首。賢劫一切諸大菩薩，無垢普賢菩薩而為上首。一生補處住灌頂位諸大菩薩，及餘十方種種世界，普來集會。一切剎海極微塵數菩薩摩訶薩眾、大智舍利弗、摩訶目犍連等而為上首……」。[183]可見普賢菩薩

---

[178] 此語引《楞嚴經·卷四》，詳《大正藏》第十九冊頁 124 上。

[179] 詳《大正藏》第八冊頁 731 中。和第十一冊頁 655 中。

[180] 詳《大正藏》第十三冊頁 876 上—中。

[181] 詳《大正藏》第十冊頁 848 上。

[182] 詳《大正藏》第十冊頁 844 下。

[183] 詳《大正藏》第十冊頁 848 中。

在勸盡「導歸西方淨土」時，<u>文殊</u>菩薩是「在座出席」的「上首」大菩薩，其他<u>彌勒</u>菩薩、<u>無垢普賢</u>菩薩、一切剎海極微塵數菩薩摩訶薩眾……等都是「出席」的大菩薩，足證迴向往生西方願心的「無有窮盡，念念相續，無有間斷，身語意業，無有疲厭」[184]是<u>文殊</u>等諸大菩薩所共稱歎。故「淨念相繼」的念佛法門非「生滅」、非「殊感」，明矣！

　　<u>印光</u>大師說：「若能常都攝六根而念，是名淨念相繼，能常常淨念相繼，則一心不亂，與念佛三昧均可漸得矣」！[185]大師之說直認為「都攝六根」與「淨念相繼」是形影不離的，能「都攝六根」才能達「淨念相繼」；能「淨念相繼」自然已「攝六根」，進而必可達「一心不亂」與「念佛三昧」之境！是故「都攝六根、淨念相繼」之念佛法乃非「生滅」、非「殊感」、非「無常」是也。

（三）　意根念佛

　　<u>大勢至</u>章云：「都攝六根，淨念相繼」，並沒有說用那一根念佛，於是造成兩派說詞，一派是「天台宗」所專主的「意識」止觀修行；一派是<u>交光</u>大師所主的「捨識用根」修行（於下節詳釋）。這兩派的不同處可借用<u>唐一玄</u>所編的「楞嚴附表」圖，如下：[186]

184　詳《大正藏》十第冊頁 844 中。
185　《印光大師文鈔續編・卷上》頁 19。復幻修大師書。
186　《大佛頂首楞嚴經自課》之「楞嚴附表」頁 877。

```
                    ┌── 選聞根為修圓通之要境（在圓通章中，正
                    │      須不離「陰境」而「返聞聞自性」，故於「性、精、
                    │      根」通稱曰「根」，而言「唯汝六根，更無他物」，
                    │      故與曾「就精顯性」中破「根」而言「是心非眼」
     楞嚴修門  ─────┤      者不同）。
                    ├── 所重者耳根圓通。
                    └── 令於聞時專心一門，從聞思修得入流相，
                           緣心自在。

                    ┌── 以意識為修止觀之要境。
     天台止觀  ─────┼── 所重者意識圓通。
                    └── 文殊為選擇聞根，故簡去意識圓通。
```

　　天台家一向以「意識」為修行入門之道，故其在解《楞嚴經》之「念佛圓通章」時亦主「意根」(即第六意識)念佛，這樣的說法從宋開始就有仁岳大師[187]、宋・子璿大師《楞嚴經義疏注經・卷十一》[188]和宋・思坦集《楞嚴經集註・卷五》[189]等家開始。到了明朝的天台家則更盛，如傳燈大師《楞嚴經圓通疏・卷五》言「意根」[190]、蕅益大師《楞嚴經文句・卷五》[191]、柴紫大師《楞嚴經講錄・卷五》[192]、焦竑大師《楞嚴經精解評林・

---

[187] 轉於明・凌弘憲點釋《楞嚴經證疏廣解・卷五》，詳《卍續藏》第二十二冊頁 140 上。

[188] 詳《卍續藏》第十六冊頁 676 上。

[189] 詳《卍續藏》第十七冊頁 290 下。

[190] 詳《卍續藏》第十九冊頁 667 下。

[191] 詳《卍續藏》第二十冊頁 616 上。

[192] 詳《卍續藏》第九十冊頁 54 下。

卷中》[193]、陸西星《楞嚴經述旨・卷五》[194]和正相大師[195]等。清朝則有靈耀大師《楞嚴經觀心定解・卷五》[196]及錢謙益之《楞嚴疏解蒙鈔》，錢謙益雖對主張「念性生滅、因果殊感」的念佛法門極力反對，但卻又走回主張「意根」念佛的路，實在有的可惜。[197]其後民國初印光大師亦採蕅益之說，以「意根」念佛入手（內容詳於「都攝六根」一節），但卻結合觀音之「聞性」修法。

　　反對以「意根」念佛最早應是由明・交光大師所提出，大師認為大勢至菩薩若以「意識」念佛，則同於大目犍連之修法；若以「意根」念佛則又同於須菩提之修；若以「舌根」念佛則又同於憍梵缽提，所以極力主張「捨識用根」之說。後來明・蓮池大師[198]、明・戒潤大師《楞嚴貫珠》[199]、明・海昌 陳元 端瓏之《楞嚴經正脈疏鈔》、清・無動居士蔡珽之《楞嚴經會歸》、清・無量法師慧海之《楞嚴經修釋》[200]及清・《楞嚴貫攝》等諸疏皆以《正脈》為準。[201]然而《正脈》正在極斥「意識」之說時卻又

---

[193] 詳《卍續藏》第九十冊頁 404 下。

[194] 詳《卍續藏》第八十九冊頁 424 下。

[195] 大師云：「念佛屬意，旁攝諸根，都攝六根者，念佛人心存目觀，返視收聽，所謂一根既返源，六根成解脫也」。詳《卍續藏》第二十四冊頁 889 上。

[196] 詳《卍續藏》第二十三冊頁 880 上。

[197] 其主「意根念佛」事詳於《卍續藏》第二十一冊頁 425 上。

[198] 如《楞嚴貫攝》云：「交光法師《正脈》出，而奧義闡盡，雲棲 蓮老(指蓮池大師)，搭衣禮拜，閣筆不註」、「觀其簡識取根，不用天台止觀，種種卓見，高出群疏，相傳蓮師(指蓮池大師)初見此本，望北焚香，搭衣禮拜」。詳於《卍續藏》第二十三冊頁 92 上、頁 95 上。

[199] 如云：「斥妄，則決定不用見聞幻翳之識心；標真，則直示修證了義之根性」。見《楞嚴貫珠》頁 9。

[200] 陳元 端瓏、蔡珽與慧海三人皆取自《正脈》說詳於《卍續藏》第二十四冊頁 166 上—下。

[201] 其自云：「大約取《正脈》十之六、《合轍》十之四」。詳《卍續藏》第二十三冊頁 95 上。

被明·傳燈與清·通理大師們所反對，如通理大師之《楞嚴經指掌疏》
云：「《楞嚴正脈》，初講十門，即嫌其駁辨太甚，且前後次第與清涼大有
徑庭，不合賢宗家法，至題中繁言亂心，如洪闊等八義之類，亦私意之
所不取」。[202]又說「《正脈》立意雖精，駁古太甚，致令後學，一味在是非
裡卜度，不知向關節處跟尋，迷本昧源，其失非細……於難處過詳，於
易處過略，唯逗利智不接鈍根」，[203]通理大師亦評傳燈大師之《楞嚴經圓
通疏》說：「《圓通疏》力扶「台宗」，專依《會解》，與《正脈》函失相攻，
未免傷於袒護」。[204]明·鍾惺 伯敬之《楞嚴如說》則折中交光之《正脈》
與傳燈之《圓通疏》。[205]

　　　筆者以為通理大師之說亦有可取之處，「捨識用根」雖是《楞嚴經》
之「經眼」，亦是全部《楞嚴經》之主旨，但若因此全部「評破」天台家之
說，而一意的「駁辨太甚」、「駁古太甚」；自亦是失於一邊。「天台」以「意
識」修行雖與《楞嚴經》略有出入，但也並非「一無可取」，如民初印光
大師對《楞嚴經》註疏的開示雖首推蕅益大師的《楞嚴經文句》，但他老
人家也非常重視通理大師的《楞嚴經指掌疏》和清·劉道開的《楞嚴經
貫攝》。如大師《文鈔》中云：「《楞嚴》大意，當推《楞嚴文句》為第一，
其釋文則《楞嚴指掌》為第一」[206]、「欲看《楞嚴》大意，須推《文句》，
註釋詳細則唯《指掌》」。[207]當然大師對通理之作也有些許不滿，如他說：
「《楞嚴貫攝》頗明了，然釋文最易明了者莫如《指掌》，但《指掌》大

---

[202] 詳《卍續藏》第二十四冊頁 168 上。
[203] 詳《卍續藏》第二十四冊頁 170 上—下。
[204] 詳《卍續藏》第二十四冊頁 165 下。
[205] 詳《卍續藏》第二十一冊頁 87 上。
[206] 《印光法師文鈔三編下·卷三》頁 678。復鄭慧洪居士書三。
[207] 《印光法師文鈔三編上·卷一》頁 252。復慧清居士書。

關節，多有與《文句》不合處，是在各人善會耳」。[208]

　　總之，筆者的結論雖以「捨識用根」之說為準，但對「天台」之「意識」修行不予全盤否定，畢竟「天台」之「全修在性、全性在修」亦是達「涅槃」之一條究竟道。或許我們強加分別的來說，以「意根」起修是「事」，以「根性」起修是「理」；以「意識」起修是為「方便」，以「根性」修行是為「究竟」。然一切「方便」即是「究竟」；一切「究竟」即是「方便」，「方便」與「究竟」不二。故由「事」而「理」，即可達「全事即理」、「全理即事」之境。所以淨土宗有句話說：「以一念（以意根起佛號）而制多念，以淨念而代染念，就有念而達無念（根性念佛）」。這就是由「意根」起修而達到「根性念佛」之境。近代圓寂不久律航大師就曾開示說：「都攝六根，淨念相繼，為大勢至菩薩圓通名言，但係指修行的『成果』，非『下手』功夫」。法師對「意根」念佛亦有獨到的見解云：「佛以六根為六賊，故擒賊先擒王，先利用『耳根』，將號為心王的『意根』，刻刻觀察，緊緊制服，其他諸根，不難俯首聽命矣！所謂一根既返源，六根成解脫是也」。[209]下面就以律航大師的「意根」念佛為介紹重點。

　　都攝六根，淨念相繼，入三摩地，斯為第一。首重意根，知妄即離，如何攝『意』，有念佛四要：[210]

---

[208]　《印光法師文鈔三編下・卷四》頁 985。復周群錚居士書。

[209]　以上二則見律航法師著《百日念佛自知錄》頁 54。台中南普陀寺印。84、9。

[210]　詳於律航法師著《念佛入門白話解》頁 26—27。台中南普陀寺印。84、9。

$$
\text{念佛四要}
\begin{cases}
\text{一、要虔誠。最忌欺偽。} \\
\text{二、要痛切。最忌虛浮。} \\
\text{三、要恆久。最忌間斷。} \\
\text{四、要專一。最忌夾雜。}
\end{cases}
$$

六根裡頭，最難把握的就是「意根」，所以以上四法全都在都攝「意根」，只要「意根」一根都攝，則其餘「五根」自然就可攝住，即成《楞嚴經》所說的「一根既返源，六根成解脫」。[211]其次又有「念佛四訣」：

$$
\text{念佛四訣}
\begin{cases}
\text{一、口須念的清清楚楚，不可夾雜閒字。} \\
\text{二、耳須聽的明明白白，不可模糊放過。} \\
\text{三、聲須調的勻勻淨淨，不可忽高忽低。} \\
\text{四、意須養的綿綿密密，不可悠續悠斷。}
\end{cases}
$$

佛號生於心，心則隨佛號而現，如果能念念相續，聲聲相應，出於口即入於耳，即出即入，復又歸於心，如此循環無間，則定能達到「都攝六根」之效。筆者認為律航大師之「意根」念佛完全合於經文「憶佛念佛」之旨，這個「憶」與「念」字都有「心」字旁，足見「念佛」不離現前這「一念」心，所以以「意根」起修（雖然這樣的說法並不客觀，這將在下面「根性念佛」中再詳細說明），將此「意根」先「攝住」，則「餘五根」自然可伏住，如此「六根」皆伏，是名真「都攝六根」，真「淨念相繼」，故「萬修萬人去」！

以「意識」心起佛號而修行的方法，雖被斥為「生滅」之說，但唯此

「念佛」一法確能以「生滅因」感「不生不滅」果，此說已於前文「淨念相繼」一節中詳述。又前文說「念佛」若以「意識」修，則同於大目犍連；以「意根」修，則又同於須菩提；以「舌根」修，則同於憍梵缽提。

　　筆者認為不妨「同而不同、不同而同」，[212]試觀大目犍連不也是以「意識」起修而「證圓通」的嗎？須菩提亦以「意根」起修而「證圓通」，憍梵缽提亦以「舌根」而「證圓通」。故就算「念佛」一法是同於上述三聖之修，則「同而不同」，亦無不可，皆可「證圓通」也；「不同而同」則是說大勢至的法門是「念佛」，是彌陀佛的「他力」願力攝護，自然不同餘三聖「自力」之修，故「不同而同」，皆是證入「三摩地」之妙法！

（四）　根性念佛

　　上面討論了「意根念佛」之說，這節要討論更重要的「根性念佛」之說。經文云：「若眾生心，憶佛念佛……我本因地，以念佛心，入無生忍」，這兩個「心」字究竟做如何解？是「意識心」、「生滅心」？是「不生不滅」的「常住真心」？關於這點已於前文「根大」一節中說明過了，所以這兩個「心」字不外乎就是指《楞嚴經》的「常住真心」，是「離即離非、是即非即」[213]的「妙真如性、性淨明體」。[214]既如是，則「捨識用根」以「根性念佛」自然是《楞嚴經》之「正宗」，以「不生不滅」的「真心」念佛亦為證入「圓通」，得「無生法忍」的不二法門。

---

[212] 「同而不同，不同而同」之字辭引自《摩訶止觀》的內容。詳《大正藏》第四十六冊頁 1 下。

[213] 此二句出自《楞嚴經・卷四》。詳《大正藏》第十九冊頁 121 上。

[214] 分別參見《大正藏》第十九冊頁 106 下和 114 上。

　　歷代註家主張以「根性真心」念佛的首推明‧交光大師《楞嚴經正脈疏‧卷五》云：「念佛便非用『分別識心』所念，乃『攝根』念也。其法以一念不生，六根湛寂，不妨圓照三身，洞徹四土，遂至信滿入住，證無生忍也」。[215]大師對此解釋對了，不過後面又弄錯了，因為大師仍將「念性」歸於「生滅」之說。[216]後人明‧天然大師《楞嚴經直指‧卷六》云：「『一念』總攝六根，總攝六根會歸『一念』，念念相繼無有他念，即入三摩地」和「所謂都攝六根者，併六根以成『一念』，攝『一念』以歸念性，此真得三摩地者也」。[217]明‧通潤大師則主「『一心』念佛，則六根都攝六處，皆念佛也」。[218]而明‧戒潤大師《楞嚴貫珠》亦同樣的說「但以『一心』念佛，即將此念佛之心都攝六根」。[219]乃至清‧劉道開《楞嚴經貫攝‧卷五》云：「『一心』念佛，則六根都攝」[220]、清‧溥畹大師《楞嚴經寶鏡疏‧卷五》云：「但要不雜餘緣，『一心』淨念，如是念念相繼而不間斷，自能見佛，悟無生忍，得三摩地……都攝六根，『一心』念佛為第一也[221]」等。這些大師之說不外乎皆主「一心念佛」，以能「一心念佛」故「六根自然都攝」，但似乎未交待何謂「一心」？究竟是那「一心」在念佛？明‧一松大師在其《楞嚴經祕錄‧卷五》就明白的說：

　　不以「有心」念，不以「無心」念，不以「雙亦」心念，不以「雙非」心念也。

　　不以「有心」──────➤ 即「奢摩」之「真空」念佛

---

[215] 詳《卍續藏》第十八冊頁 628 下。
[216] 詳《卍續藏》第十八冊頁 668 上。
[217] 詳《卍續藏》第二十二冊頁 794 下，和頁 813 下—814 上。
[218] 詳《卍續藏》第二十二冊頁 448 下。
[219] 見《楞嚴貫珠》頁 512。
[220] 詳《卍續藏》第二十三冊頁 326 上。
[221] 詳《卍續藏》第九十冊頁 749 下。

不以「無心」 ────→ 即「三摩」之「妙有」念佛

不以「雙亦、雙非」 ────→ 即「禪那」之「中道」念佛。

若能「奢摩」等「一心三觀」念佛，百非尚遣，何「四句」之不離也。[222]

蓮池大師亦如是說：「不以『有心』念，不以『無心』念，不以『亦有亦無』心念，不以『非有非無』心念……『念而無念』，是名一心……一心不亂，不異一念不生，焉得非頓」？[223]兩位大師之說完全符合《楞嚴經》「離即離非、是即非即」[224]的如來藏性「根性念佛」。清・續法大師明白的說：「外不選六根相（浮勝二根相也），內不擇六根性（見聞覺知性也）……唯依一精明，不行六根用故……『一心』繫佛曰念，無念而念故」。[225]民國・毛凌雲（1910～2000）之《大勢至菩薩念佛圓通章今譯淺解》亦云：「念佛的心，不是『第六意識』的妄心，是『不生不滅』湛寂圓明的『真心』，精勤修習，得證入無生法忍」。[226]

民國・悟慈（1926～2005）大師的《楞嚴經講話（五至六）》更云：「大勢至菩薩所舉出的因地心，當然不是指吾人『第六意識』的妄心……他所用以念佛的因地心，是指『不生不滅』的『根性真心』」。[227]但在其後卻又矛盾的說：「可見得念佛，不是只用口念，亦不是用『第六意識』的妄心去念，是以『意根』去念」。[228]筆者認為悟慈大師在前文說對了，要用

---

[222] 詳《卍續藏》第二十冊頁 264 下。

[223] 詳於《彌陀疏鈔・卷一》，詳《卍續藏》第三十三冊頁 349 下。

[224] 此二句出自《楞嚴經・卷四》。詳《大正藏》第十九冊頁 121 上。

[225] 詳《卍續藏》第二十四冊頁 924 下。

[226] 見毛凌雲《楞嚴經大勢至菩薩念佛圓通章今譯淺解》頁 108。台北大乘精舍印。85、11。

[227] 參《楞嚴經講話（五至六）》頁 189。

[228] 參《楞嚴經講話（五至六）》頁 178—179。

「不生不滅」的「根性」去修念佛，但後文怎又改口說「以意根去念」？

　　大體上以「一心念佛」是不錯的，但是似乎「實行」起來有些困難，既不能同於須菩提的「意根」修，也不能同於大目犍連的「意識」修，和憍梵鉢提的「舌根」修；只準用「不生不滅」的「常住真心」根性去念佛，這樣實在有點為難，令人摸不著邊。故以「不生不滅的根性真心」起修念佛應是指菩薩已「得手」的功夫，而不是「初心入手」所能達到的。所以悟慈大師在前面說大勢至菩薩念佛的心是「不生不滅的根性真心」，但又如何才能達到此「真心根性」念佛呢？於是在後面不得不推出「以意根」去念佛一法。就連讚歎交光「捨識用根」之說的蓮池大師，他老人家雖亦談「根性念佛」，但這樣的「離四句」的念佛境界，也必須從「意識」下手來修才行，大師云：

> 今念佛人，初以「耳識」聞彼佛名，次以「意識」專注憶念。以專念故，總攝六根，眼鼻舌身，如是六識，皆悉不行。念之不已，念極而忘。所謂「恆審思量」者，其思寂焉！忘之不已，忘極而化。所謂「真妄和合」者，其妄消焉！則七識八識亦悉不行，主既不存，從者焉附？其五十一又何論也。當爾之時，巨浪微波，咸成止水，濃雲薄霧，盡作澄空，唯是一心，更無餘法。[229]

　　其實筆者認為以「意根」念佛和「根性」念佛並無衝突之處，兩者是可以圓融的，這在「都攝六根」一節已提過，現再簡言之：清‧妙空大師嘗云：「精進從音聲入，六根之中耳根最靈，舌根運出，耳根運入，非舌非耳，即出即入……故曰都攝六根，淨念相繼」。[230]大師是以「舌根」運出

---

[229] 見《彌陀疏鈔‧卷三》，詳《卍續藏》第三十三冊頁448下。
[230] 見《卍續藏》第一一〇冊頁102上。

佛號起修，再以「耳根」將佛號運入。筆者以為由「舌根」而念，是為「口念耳聽」的最初步功夫，應進一步的「心念心聽」，由「意根」起佛號，口不一定出聲，再由「耳」聞由心起的佛號聲，如此是為「心念心聽」。以「意根」起念佛號，「舌根」出聲而念，或不出聲默念，由「耳根」反聞自性所起的佛號聲。即由意根「運出」，再獨由耳根「運入」，那麼「雙出雙入、即出即入」，如此一直念下去，反復的循環，必可達「全出即入、全入即出」之定，進而臻至「非出非入，非入非出，出入雙泯」之境；則此時「根、塵、識」當下消泯，可謂是一種「神念神聽」之境。[231]此時「六根互用」自然現前，非「六根、六塵、六識」念佛；亦是「六根、六塵、六識」念佛，會歸《楞嚴經》「即一即六、非一非六」如來藏性的最高念佛境界。

　　「意根念佛」是方法、是「事」；「根性念佛」是目標、是「理」。然而事不礙理，理不礙事，兩者是可圓融的。明・永覺 元賢禪師的《淨慈要語》中曾說：「『持名念佛』又分『事持』及『理持』，『事持』是專志一慮，念阿彌陀佛四字洪名，念至淨念相繼，自得心開，便成『理持』。『理持』亦可採用參究念佛法，直將阿彌陀佛四字，當做一個話題，二六時中，直下提撕，不以有心念，不以無心念，不以亦有亦無心念，不以非有非無心念，前後際斷，一念不生，不涉階梯，超登佛地」。[232]天台家之修雖是從「意識」起修，然《楞嚴經》旨必須從「根性」起修，兩者仍是「同而不同、不同而同」的。[233]「同」者皆欲令悟入不生不滅之「大圓鏡智」；「不同」者乃「起修」先後次第不同，「意識修行」可謂「先修後悟」；「根性修行」可謂「先悟後修」(如上元賢禪師所說的「理持」)，二者「其揆一也」！若人識得心，大

---

231 關於「口念耳聽、心念心聽、神念神聽」之念佛十二字訣，參見後面「貴觀音而遺勢至」之「觀音彌陀」一節。
232 詳《卍續藏》第一○八冊頁 1005 上－下。
233 「同而不同，不同而同」之字辭引自《摩訶止觀》的內容。詳《大正藏》第四十六冊頁 1 下。

地無寸土；[234]若人了得心，何來悟與修？[235]

_____

[234] 此二句引用《景德傳燈錄・卷三十》。詳《大正藏》第五十一冊頁 465 上。

[235] 此二句的靈感引用清・孫念劬纂《金剛經彙纂・卷二》云：「若人了得心，大地無寸土」。詳《卍續藏》第二十五冊頁 807 下。

第四節　不假方便與心開

（一）不假方便

本節將討論大勢至菩薩「念佛圓通章」所說的二個重點：「不假方便」與「自得心開」[236]。「不假方便」並不是念佛法門的「專利」，早在北涼 · 曇無讖（385～433）所譯的《菩薩地持經 · 卷三》[237]中就有「不假方便」的字詞。如「方便處無上菩提品」云：

> 如是知「一切界、一切事、一切種、一切時」，是名「一切智」，不假方便，發心即知，於一切法了達無礙，是名「無礙智」。[238]

與《菩薩地持經》為異譯本的《菩薩善戒經 · 卷三》亦有「不假方便」譯語，云：

> 住修習者，修舍摩他、毗婆舍那時，不假方便，隨意而住，是名樂住修習。[239]

另外禪宗的修行也是直指人心──「不假方便」，尤其是「公案」的

---

[236] 詳《大正藏》第十九冊頁 128 上。
[237] 《菩薩地持經》梵名作 Bodhisattva-bhumi。凡十卷，或八卷。又稱《菩薩地經、地持經、菩薩戒經、菩薩地持論、地持論》。《地持經》雖稱為「經」，但內容本應屬「論」，傳說係無著記錄彌勒之說法而成。本經與《瑜伽師地論 · 本地分》中之「菩薩地」為同本，只缺「發正等菩提心品」。《菩薩地持經》的異譯本另有求那跋摩（公元 462 年）譯的九卷本《菩薩善戒經》。
[238] 詳《大正藏》第三十冊頁 901 中。
[239] 詳《大正藏》第三十冊頁 979 上。

機鋒語，若非「上上利根」者，無法悟入。[240]所謂的「不假方便」的意思就是不必假「觀心、究理、加功、聞思修……」等的助行，即可獲得證悟，如：北宋・仁岳述《楞嚴經熏聞記・卷三》云：「不假方便，自得心開……不假『加功』進行，而自證妙道」。[241]明・古德法師演義 慈航 智願定本之《阿彌陀經疏鈔演義・卷三》云：「『方便』即『觀心、究理』等……不假『觀心、究理』之方便，始得『心開』。直下念去，念至念極『心空』，自得開悟也」。[242]清・靈耀述《楞嚴經觀心定解・卷五》云：「不假方便者。二十四門，雖大小偏圓不同，悉假『方便』，惟今念佛只須『憶念』，不勞更作『餘觀』」。[243]清・正相解《楞嚴經勢至圓通章科解》云：「足知此念佛一門，已是『最勝方便』，不假『餘方便』矣。且二十四聖，各假『方便』。據『耳根』至圓，用『聞思修』之方便」。[244]

只須「持名念佛」的法門的確可以「不假方便」而自證妙道，如蕅益大師《彌陀要解》云：「阿彌陀佛是萬德洪名，以名可德，罄無不盡，故即以『執持名號』為正行，不必更涉『觀想、參究』等行」、「以一念相應即一念佛，念念相應即念念佛，不勞『觀想』，不必『參究』，當下『圓明』無餘無缺」。[245]在《佛說觀無量壽佛經》中也有「觀佛相好」即可達到「是心是佛」的境界，如經云：「次當想佛。所以者何？諸佛如來是法界身，遍入一切眾生心想中；是故汝等『心想佛』時，是心即是三十二相、八十隨形好。『是心作佛，是心是佛』。諸佛正遍知海，從心想生，是故應當一

---

[240] 以上說法詳《佛光大辭典》頁755。
[241] 詳《卍續藏》第十一冊頁746上。
[242] 詳《卍續藏》第二十二冊頁778上。
[243] 詳《卍續藏》第十五冊頁746上。
[244] 詳《卍續藏》第十六冊頁372上。
[245] 詳《大正藏》第三十七冊頁371中—下。

心繫念，諦觀彼佛」。[246]所以清‧續法大師之《楞嚴經勢至圓通章疏鈔》
即說：「不假方便，『頓』也。知佛即心，疾成佛道故」。[247]為何「執持名號」
的當下就可具足成佛的一切資糧呢？《文殊師利問經‧卷下》有清楚的
話：「復次文殊，『念佛』十號猶如虛空，以知虛空故無有過失，以不失故
得『無生忍』，如是依『名字』，增長正念，見佛相好，正定具足」。[248]所以
唐‧善導大師《觀無量壽佛經疏‧卷四》即如是說：「一心專念彌陀名號，
定得往生，必無疑也」。[249]

（二）　見佛心開

大勢至菩薩「念佛圓通章」云：「現前當來，必定見佛，去佛不遠，
不假方便，自得心開」。這個「見佛」是指見「自性佛」？還是見「外佛」呢？
據眾多佛典的說法，專心「持名念佛」的行者都是見「外佛」，而非屬於禪
宗「心性開悟」的見「自性佛」，如《坐禪三昧經‧卷上》云：「專心『念佛』，
不令外念。外念諸緣攝之令還，如是不亂，是時便得見一佛、二佛，乃
至十方無量世界諸佛色身，以心想故得見之」。[250]《華嚴經‧卷四十六》
云：「諸佛世尊，於一切世界一切時，有十種佛事，何等為十？一者若有
眾生，專心『憶念』，則現其前」。[251]《大方等大集經‧卷四十三》的「念
佛三昧品」云：「或一日夜，或七日夜，不作餘業，至心『念佛』。乃至見
佛，小念見小（小佛），大念見大（大佛）。乃至無量念者，見佛色身無量無

---

[246] 詳《大正藏》第十二冊頁 343 上。
[247] 詳《卍續藏》第十六冊頁 378 中。
[248] 詳《大正藏》第十四冊頁 506 下—507 上。
[249] 詳《大正藏》第三十七冊頁 272 上。
[250] 詳《大正藏》第十五冊頁 277 上。
[251] 詳《大正藏》第十冊頁 243 中—下。

邊」。[252]智顗大師的《淨土十疑論》亦云：「凡夫無力，唯得專念阿彌陀佛，使成三昧，以業成故，臨終斂念得生，決定不疑，見彌陀佛，證無生忍已」。[253]

「念佛圓通章」中所說的：「現前當來，必定見佛」可分成「現前見佛、當來見佛、必定見佛」三種，分析如下：

1 、 現 前 見 佛

即於「今生」，或「定中、夢中」見佛也。

「事」念佛➜可見他佛：先見「色身相佛」，後見「法身真佛」。

「理」念佛➜見見自佛：先獲「分證覺佛」，後證「究竟覺佛」。

2 、 當 來 見 佛

吾人待「報終」身壞，則見佛來迎，或於「花中見佛」，或直接「花開見佛」。

「事」念佛➜可見他佛：先見「化身佛」，後見「報身佛」。

「理」念佛➜可見自佛：先悟「本覺佛」，後證「妙覺佛」。

3 、 必 定 見 佛 （有「本願攝受、心力感交、生佛不二」三因。及「願力、心力、法力」三力）

一、本願攝受故：他力攝受。（此屬「信心」成就）「乃至十念，若不生

---

[252] 詳《大正藏》第十三冊頁 285 下。
[253] 詳《大正藏》第四十七冊頁 77 下。

　　者，不取正覺」[254]➜願力（佛力）不可思議。

二、心力感交故：自力專念。（此屬「事念」成就）「諸佛如來是法界身，
　　　遍入一切眾生心想中」[255]➜心力不可思議。

三、生佛不二故：法爾如是。（此屬「理念」成就）「自性彌陀，不離方
　　　寸」[256]➜法力不可思議。

---

[254] 經文詳見《佛說無量壽經‧卷一》。《大正藏》第十二冊頁 268 上。

[255] 經文詳見《佛說觀無量壽佛經》。《大正藏》第十二冊頁 343 上。

[256] 出自宋‧宗鏡述 明‧覺連重集之《銷釋金剛經科儀會要註解‧卷三》云：「此明
自性彌陀，不離方寸。唯心淨土，豈向外求也」。詳《卍續藏》第二十四冊頁 682
中。

第五節　貴觀音而遺勢至

（一）耳根妙修

1、耳根之勝

　　《楞嚴經》在卷五中介紹了二十五聖的證道經驗，分別是「六塵圓通、五根圓通、六識圓通、七大圓通、耳根圓通」，這二十五法門的修行對我們娑婆世界最有殊勝的就是「耳根法門」，如卷六經云：「佛出娑婆界，此方真教體，清淨在音聞，欲取三摩提，實以聞中入」。[257]如果我們捨棄「聞根」，那就不能修持佛法。如前「二十四法」，亦必先「聞」佛說，然後方能依法修行，未有「不聞」佛說而能自行修持的，所以佛教以「聞」為第一入門要道。文字雖可令人發悟，但只可為「教」，不能為「教體」，因為「文字」非藉「聲音」傳授是不能識的，必由「音聲」而識「文字」，由「文字」而明「道理」，故以「音聲」為「文字」教之「本體」。[258]近代高僧太虛大師分析「耳根」圓通法門時，亦言「耳根」有四勝：❶專所要❷機所宜❸法所勝❹門所貴。[259]故《楞嚴經》卷六云：「佛問圓通，我從耳門圓照三昧，

---

[257] 詳《大正藏》第十九冊頁 130 下。

[258] 此說參見守培《楞嚴經妙心疏・卷六》頁 19。

[259] 參見太虛大師《楞嚴經研究》頁 130－139。大師又云：「大乘經論擇取初心觀境之顯而易見者，如《起信論》之取一心二門為所觀境；《成唯識論》取一切法唯識為所觀境；《中論》之取一切法畢竟空為所觀境；《摩訶止觀》取意識心王為所觀境，皆擇定所觀境體之有異，非能觀智體之有異。或者混能所智境之不辨，爭執本經破識取根等義，皆失之矣。今謂若論本經之擇觀境，雖直可謂『唯六根論』，所謂『十八界』攝一切法盡。『六塵』是『六根』之影，『六識』又是『六塵』之影，而『識』發乎『塵』，『塵』出乎『根』，故『六根』攝一切法盡，又六根之『耳』門較諸經論擇之獨審也」。見其書頁 182。

緣心自在，因入流相，得三摩提，成就菩提，斯為第一」。[260]

「六根」雖都各具有勝義，但眼只能通於諸色，隔紙即不見，故曰：「目非觀障外」。口與鼻亦有通香味之作用，若稍「離間」，即不能通，故曰：「口鼻亦復然」。身根必與「觸」合方知，離「觸」則無知，故曰：「身以合方知」。而「意念」雖不為「有相」所礙，但雜念紛然，茫然無頭緒，故曰：「心念紛無緒」。所以這「五根」皆非真實之通。唯獨「耳根」雖隔牆亦能聽音聲，且不論遠近都可聽到，這是「耳根」勝於其他「五根」的原因，故曰：「隔垣聽音響，遐邇俱可聞，五根所不齊，是則通真實」。[261]

眼根能見色，「色」有來去，「見性」卻無生滅；鼻根能嗅香，「香」亦有來去，「嗅性」卻無生滅。當人在睡夢中，若以「色、香、味」等方法擾亂他，則不易使人覺醒，唯獨「音聲」能令人覺醒。且即使人在夢境中，還是有「思惟」的存在，而且「能聽聞」的作用，並不因為「不思惟」而不存在。例如人在夢中，呼之即醒，等到醒了以後，便能生起「思惟」，才有「知覺」的作用生起。所以證明「能聽聞」的自性，是超越「身心」之外，不是身心所能及的。吾人所處的這個娑婆世界上所有的國土眾生，都是靠「聲音」去明白道理，才能使人了解一切深奧不可思議的妙理。故《楞嚴經》經云：「縱令在夢想，不為不思無，覺觀出思惟，身心不能及。今此娑婆國，聲論得宣明」。[262]

下面製表來說明「耳根」與其餘五根劣勝的比較：[263]

---

[260] 詳《大正藏》第十九冊頁 129 下。

[261] 以上經文見《楞嚴經・卷六》，詳《大正藏》第十九冊頁 130 下－131 上。

[262] 參《楞嚴經・卷六》，詳《大正藏》第十九冊頁 131 上。

[263] 此表參閱白聖大師編《楞嚴經表解》頁 80。

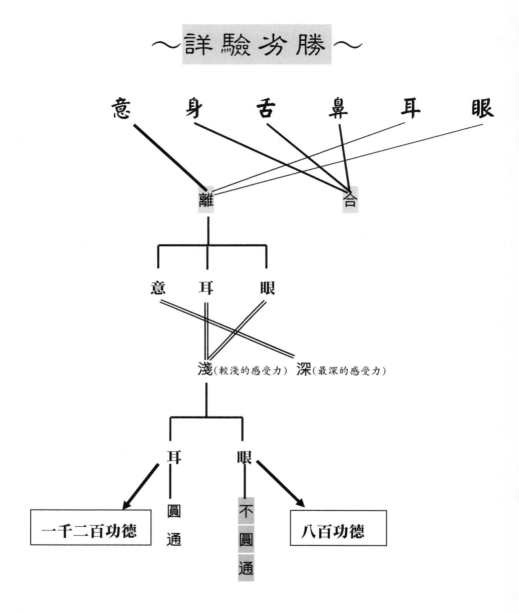

由這圖可知，「鼻、舌、身」三根是要「相合、無距離」才能曉知。「眼、耳」和「意」三根則離開（有距離）亦能曉知。「六根」雖各各皆有「一千二百」功德，但作用不同，所以仍有優劣之分。優者是「功德俱全」，劣者是「三分功德」缺一。例如眼睛只觀「前面、左右」，後方全暗，故曰「統

論所作，功德不全，三分言功，一分無德」，所以眼根只有「八百功德」而已，不及耳根之「一千二百功德」殊勝。[264]

2、修證方法

近代禪師虛雲老和尚特別推崇「反聞」的觀音禪修法門，他老人家曾開示「反聞」的修法是：

「反聞聞自性」即是「反觀觀自心」。「圓照清淨覺相」，清淨覺相即是心，照即觀也。心即是佛，念佛即是觀佛，觀佛即是觀心。所以說「看話頭」或者是說「看念佛是誰」，就是觀心，即是觀照自心清淨覺體，即是觀照自性佛。心即性、即覺、即佛，無有形相方所，了不可得，清淨本然，周遍法界，不出不入，無往無來，就是本來現成的清淨法身佛。行人都攝六根，從一念始生之處看去，照顧此一話頭，看到離念的清淨自心，再綿綿密密、恬恬淡淡，寂而照之，直下五蘊皆空，身心俱寂，了無一事，從此晝夜六時，行住坐臥，如如不動，日久功深，見性成佛，苦厄度盡。[265]

又說：

或問「觀音菩薩的反聞聞自性，怎見得是參禪」？我方說照顧話頭，就是教你時時刻刻單單的的，一念迴光返照這「不生不滅」（話頭）。

---

[264] 關於六根之「流變三疊千二百功德表」可參閱守培《楞嚴經妙心疏・卷四》頁19—20，及蕅益大師《楞嚴經文句・卷四》，詳《卍續藏》第二十冊頁582上—583下詳論之。

[265] 詳《虛雲老和尚年譜法彙增訂本》頁629—630。

「反聞聞自性」，也是教你時時刻刻單單的的一念反聞聞自性。「迴」就是反，「不生不滅」就是自性。「聞」和「照」雖順流時循聲逐色，聽不越於聲，見不超於色，分別顯然。但逆流時反觀自性，不去循聲逐色，則原是一精明。「聞」和「照」沒有兩樣。我們要知道，所謂照顧話頭，所謂「反聞聞自性」，絕對不是用眼睛來看，也不是用耳朵來聽。若用眼睛來看，或耳朵來聽，便是循聲逐色，被物所轉，叫做「順流」。若單單的的一念在「不生不滅」中，不去循聲逐色，就叫做「逆流」，叫做照顧話頭，也叫做「反聞自性」。[266]

虛老認為「反聞聞自性」絕不是用眼睛看或用耳朵來聽，而是「時時刻刻單單的的一念在『不生不滅』中，不去循聲逐色」，能照顧到這樣的話頭，則必成「反聞自性」之妙境！大師之說是以禪宗的「參話頭」方式來修，如參「萬法歸一，一歸何處」、「父母未生前，如何是我本來面目」或「念佛是誰」等為主題。這種話頭如何參修？禪師云：「所謂話頭，即是一念未生之際，一念纔生，已成話尾，這一念未生之際，叫做『不生』，不掉舉、不昏沈、不著靜、不落空，叫做『不滅』。時時刻刻，單單的的，一念迴光返照，這『不生不滅』就叫做看話頭，或照顧話頭」。[267]這種修法筆者認為應該是「如人飲水，冷暖自知」，要親自去參悟才能徹底了解這種深奧的境界。

下面就介紹《楞嚴經》中的觀音菩薩「耳根」的修持法，筆者將一句句的來剖析這段深奧的文字結構，經文云：

「彼佛教我從聞思修，入三摩地。初於聞中，入流亡所。所入既寂，

---

[266] 詳《虛雲老和尚年譜法彙增訂本》頁 642。
[267] 詳《虛雲老和尚年譜法彙增訂本》頁 640。

動靜二相，了然不生。如是漸增，聞所聞盡，盡聞不住，覺所覺空，空覺極圓，空所空滅，生滅既滅，寂滅現前」。[268]

（一）「初於聞中，入流亡所」：我最初在耳根聞聲的境界中，就「入」於能聞的「自性之流」，「亡」去所聞的聲音之相，忘卻外邊的「聲塵」，沒有「動相」，這就能解除第一個 動結 之塵，破前五識的 **色陰**，即超「劫濁」，故名「入流亡所」。「入流」是「入流」照「自性」，將聞塵中之「識心」，「入流」於自性，亡「聲塵」之處，不向外馳求，心光時常內住，則能入聖人之法性流，回歸到法界的本體。我們修行的功夫就全在這「入流」上。「出流」則是攀緣外塵，便是生死輪迴。等到什麼念頭都沒有，清清靜靜，達到「念而無念、無念而念」的境界，這就叫「亡所」，即「亡」去「動相」的聲塵之相。

圓瑛大師對此的解釋是：「入流」是以觀智為「能入」，耳門為「所入」，「入」即「旋反聞機」，不出「流」緣聲，而「入流」照性也。又「入流」即是思慧，更兼修慧，用「觀照」思惟修行，以「能聞世間音聲是誰？」為參話頭。又「入流」即是「合覺」，「亡所」即是「背塵」，「背塵合覺」四字正是本經的妙修行路，乃至巧、至簡妙之修行法門也。[269]蕅益大師則以天台的觀點解為：「入」即「一心三止三觀」、「止觀不二」是「般若德」；「流」即「一境三諦」、「三非定三」是「法身德」；「亡所」即「解脫德」，因為「所」無實體，則「亡無可亡」；「所」是虛妄，則「不亡而亡」；「所」非有無，則「非亡非不亡」。[270]又永嘉大師對此「入流亡所」四句有獨到的見解，將耳根圓通這段經文全部以「入流亡所」四字去讚頌它：[271]（下面每句解釋皆配上永嘉大

---

[268] 詳《大正藏》第十九冊頁 128 中。

[269] 圓瑛大師《大佛頂首楞嚴經講義》頁 871。

[270] 詳見蕅益大師《楞嚴經文句・卷六》，詳《卍續藏》第二十冊頁 620 上—下。

[271] 永嘉大師的歌頌皆詳見交光《楞嚴經正脈疏・卷下》，詳《卍續藏》第十八冊頁 640

師的歌頌偈）

　　——流非亡所而不入，所非入流而不亡，

　　　亡所則入流而亡，入流則亡所而入。——[272]

（二）「所入既寂，動靜二相，了然不生」：上面既然「亡」了「動」塵，還
　　要再反聞「入流」，不能又住於「靜」境，因為「靜」境仍是屬「色陰」
　　的範圍。要直到「動靜」二境都不生起，才能達到「所入既寂」之境，
　　這就能解除第二個 靜結 之塵。「動靜」二相的聲塵都完全寂滅，
　　則「了然不生」之境自可達到，那就破了前五識的「色陰」，即超「劫
　　濁」。到了這個境界就是「當圓教之初信，二乘之初果」，[273]亦即是
　　《金剛經》上之初果「入流」位。[274]若以蕅益大師的天台學，則又
　　分為四種不同的階位和境界。[275]

　　❶六道眾生以聲「生」為動，聲「滅」為靜，是「凡聖同居土」之動靜二
　　　相，若能達到此「動靜二相，了然不生」之地步，則即超「凡聖同居
　　　土」之劫濁，位當在「圓教之七信」位。
　　❷二乘人以「生死」為動，「涅槃」為靜，是「方便有餘土」之動靜二相，
　　　若達此「了然不生」境界，則即超「方便有餘土」之劫濁，位當在「十
　　　信」。
　　❸菩薩以「二邊」為動，「中道」為靜，是「實報莊嚴土」之動靜二相，

　　上。下面皆略稱為《正脈疏》一名。
[272] 永嘉大師之言出自明‧交光大師《楞嚴經正脉疏‧卷六》。詳《卍續藏》第十二冊
　　頁 352 下。
[273] 見劉道開《楞嚴貫攝‧卷六》，詳《卍續藏》第二十三冊頁 330 下。
[274] 見交光《楞嚴經正脈疏‧卷六》，詳《卍續藏》第十八冊頁 637 上。
[275] 見蕅益大師《楞嚴經文句‧卷六》，詳《卍續藏》第二十冊頁 621 上—621 下。

若達此「了然不生」境界，則即超「實報莊嚴土」之劫濁，位已在「初住」以上。

❹佛以「不變隨緣」為動，「隨緣不變」為靜。又「不變隨緣」，故非動說動，非靜說靜；「隨緣不變」，故動亦不生、靜亦不生，是「常寂光土」之動靜二相，若達此「了然不生」境界，則即證「常寂光淨土」，位在「妙覺」。是謂「初於聞中」，「入」色陰本如來藏之「流」，「亡」九界劫濁之「所」。

（三）「如是漸增，聞所聞盡」：「動靜」二相既然已「不生」，則須「漸」次再修，「增」加定力，讓「能聞」的根與「所聞」的「聲塵」作用都渙然淨「盡」，沒有「能受」和「所受」，這就能解除第三個「根結」，同時也破了前五識的「受陰」，[276]即超「見濁」。到了這個境界就是「圓教之七信，別教之七住，小乘之四果」。[277]亦即是「斷見思惑，證人空」。[278]若以蕅益大師的天台學，則又分為四種不同的階位和境界：[279]

❶六道眾生以「根」為能聞，「聲」為所聞，起「有我見」，若能達到此「聞所聞盡」的地步，則即超「有我見濁」，位當在「七信」位。

❷二乘人以「慧耳」為能聞，以「真諦」為所聞，起「無我見」，若能達到此「聞所聞盡」之境，則即超「無我見濁」，位當在「十信」。

❸菩薩以「法耳」為能聞，以「俗諦」為所聞，起「亦我亦無我見」，若能達此「聞所聞盡」之境，則即超「亦我亦無我見濁」，位已在「初

---

276 圓瑛大師說「根塵」既消，則「識」亦無所得生，所以亦破前五識的「想陰」。見《楞嚴經講義》頁874。
277 見《楞嚴貫攝・卷六》，詳《卍續藏》第二十三冊頁331上。
278 見《正脈疏・卷六》，詳《卍續藏》第十八冊頁638上。
279 見蕅益大師《楞嚴經文句・卷六》，詳《卍續藏》第二十冊頁621下—622上。

住」以上。

❹佛以「佛耳」為能聞，以「中諦」為所聞，成「非我非無我無上正見」。若達此「聞所聞盡」之境，則即證「非我非無我正見」，位在「妙覺」。是謂「初於聞中」，「入」受陰本如來藏之「流」，「亡」九界見濁之「所」。

永嘉大師對此對此「聞所聞盡」偈云：

——亡所而入，則入無能入；入流而亡，則亡無所亡——[280]

（四）「盡聞不住，覺所覺空」：雖然「能聞」與「所聞」都空掉了，不過還有知覺，還有個我相，故仍需再修，直至「應無所住而生其心」之境。進而「知亦不知、覺亦不覺」，「能覺悟」之智和「所覺悟」之境都空了，這就能解除第四個「覺結」。如《圓覺經》云：「幻塵滅故，幻滅亦滅，幻滅滅故，非幻不滅」[281]，這段經文全同於解「覺結」的工夫。既然「所覺」和「能覺」都沒有，則已全無執著心，亦破了「第六意識」的「想陰」，即超「煩惱濁」，到了這個境界就是「斷法執微細流注分別也」，[282]亦即是「證法空」。蕅益大師的分類如下：[283]

❶六道眾生以「根塵」為所覺，「邪慧」為能覺，成「見思煩惱」惑，若達到此「覺所覺空」的地步，則即超「見思煩惱濁」，位當在「七信」位。

---

[280] 永嘉大師之言出自明·交光大師《楞嚴經正脈疏·卷六》。詳《卍續藏》第十二冊頁 352 下。

[281] 詳《大正藏》第十七冊頁 914 下。

[282] 見《楞嚴貫攝·卷六》，詳《卍續藏》第二十三冊頁 331 下。或見《正脈疏·卷六》，詳《卍續藏》第十八冊頁 638 下。

[283] 見蕅益大師《楞嚴經文句·卷六》，詳《卍續藏》第二十冊頁 622 下。

❷二乘人以「真諦」為所覺，以「空慧」為能覺，成「塵沙煩惱」惑，若
　能達到此「覺所覺空」之境，則即超「塵沙煩惱濁」，位當在「十信」。

❸菩薩以「二諦」為所覺，以「道慧」為能覺，起「無明煩惱」惑，若達
　此「覺所覺空」之境，則即超「無明煩惱濁」，位已在「初住」以上。

❹佛以「中諦」為所覺，以「佛慧」為能覺，成「無上菩提」。若達此「覺
　所覺空」之境，則即證「菩提」，位在「妙覺」。是謂「初於聞中」，「入」
　想陰本如來藏之「流」，「亡」九界煩惱濁之「所」。

永嘉大師對此對此「覺所覺空」偈云：
——亡無所亡，則塵遺非對；入無能入，則念滅非知——[284]

（五）「空覺極圓，空所空滅」：「能覺」與「所覺」既然空了，但並非悟「空」
　　而執「空」，所以仍需再修下去，把「能空」與「所空」都消除淨盡，
　　「有也不有、空也不空、覺也不覺」，泯卻一切「相對」的萬法名相，
　　這就解除第五個 空結 。既然「能空」與「所空」都沒有，則已達「大
　　圓滿」之境，同時亦破除第七識的「行陰」，即超「眾生濁」；到了這
　　個境界就是「斷法執俱生定，當圓教之十信，別教之十住，成法解
　　脫也」，[285]亦即是「塵沙惑盡」。[286]蕅益大師對此段的分類略不同，大
　　師將「空覺極覺，空所空滅，生滅既滅，寂滅現前」全歸類於「圓破
　　行陰」而超「眾生濁」；再將下面「忽然超越世出世間，十方圓明，
　　獲二殊勝，一者上合十方諸佛本妙覺心，與佛如來同一慈力。二者
　　下合十方一切六道眾生，與諸眾生同一悲仰」之句歸於「圓破識陰」

---

[284] 永嘉大師之言出自明‧交光大師《楞嚴經正脉疏‧卷六》。詳《卍續藏》第十二冊
　　頁 352 下。

[285] 見《楞嚴貫攝‧卷六》，《卍續藏》第二十三冊頁 331 下。

[286] 見《正脈疏‧卷六》，《卍續藏》第十八冊頁 639 上。

而超「命濁」。[287]現就以大師的解說例舉如下：

❶ 六道眾生以「有」名生，以「無」名滅，成「有漏行」，做「世間眾生」，若能達「生滅既滅」之境，則超「世間眾生濁」，位當在「七信」位。

❷ 二乘人以「生死」為生滅，以「偏真」為寂滅，成「無漏行」，作「出世眾生」，若能達「生滅既滅」之境，則超「出世眾生濁」位當在「十信」。

❸ 菩薩以「二邊」為生滅，「但中」為寂滅，成「漏無漏行」，作「大道心成就眾生」，若能達「生滅既滅」之境，則超「大心眾生濁」，位已在「初住」以上。

❹ 佛以「不變隨緣」為生滅，「隨緣不變」為寂滅，成「不思議行」，作「無上眾生」。若能達「生滅既滅」之境，則成無上眾生，位在「妙覺」。是謂「初於聞中」，「入」行陰本如來藏之「流」，「亡」九界眾生濁之「所」。

永嘉大師對此「空所空滅」偈云：
— 知（智）滅對遺，一向冥寂 —[288]

（六）「生滅既滅，寂滅現前」：「能空」與「所空」都滅盡了，不過還有個「滅」字，有滅就有生，所以還要再修，直到「生相」和「滅相」也都滅盡了，這就解除第六個「滅結」。既然「能滅」與「所滅」都沒有，則已達最圓滿之境，同時亦滅除第八識的「識陰」（阿賴耶識的識陰）。到了這個境界就是「證四十二地功德，隱然具足，其與別

---

[287] 見蕅益大師《楞嚴經文句·卷六》，詳《卍續藏》第二十冊頁 623 上。
[288] 出自《禪宗永嘉集》。詳《大正藏》第四十八冊頁 389 中。

教初地，位雖言齊，而歷別之與圓融，實天地懸隔矣」！[289]

永嘉大師對此「生滅既滅」偈云：

──闃 爾 無 寄 ， 妙 性 天 然──[290]

這「生滅」兩字是總結前面而說的，因「動」滅故「靜」生，「靜」滅則「根」生，「根」滅則「覺」生，「覺」滅則「空」生，「空」滅則「滅」生，六「結」都滅盡，才能達到「不生不滅」的境界。試將這「六結」和「五陰」相配圖解如下：

---

[289] 見《楞嚴貫攝・卷六》，詳《卍續藏》第二十三冊頁 332 上。
[290] 出自《禪宗永嘉集》。詳《大正藏》第四十八冊頁 389 中。

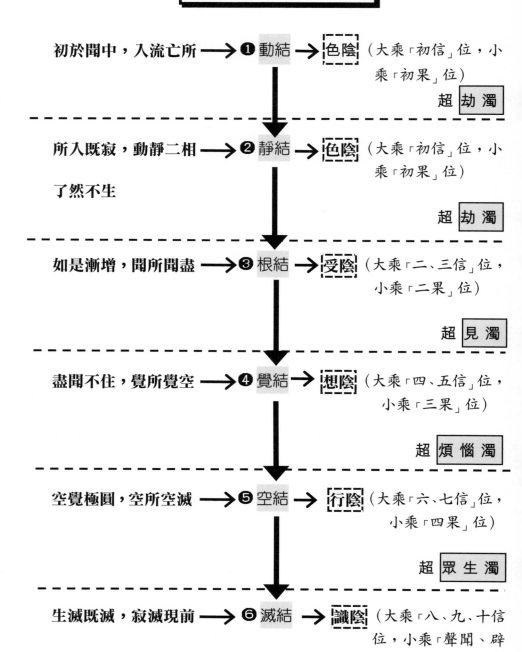

支佛(緣覺、獨覺)」位）

超 命 濁

以上「破五陰」與所證的「階位」配對，只是就「理論」來說，其中仍有「深淺」之差別，故亦非「定法」也。

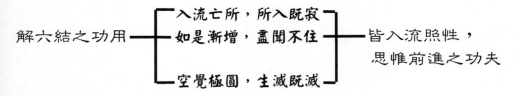

解六結之功用 ── ┌ 入流亡所，所入既寂 ┐
　　　　　　　　│ 如是漸增，盡聞不住 ├── 皆入流照性，
　　　　　　　　│ 　　　　　　　　　　│　　思惟前進之功夫
　　　　　　　　└ 空覺極圓，生滅既滅 ┘

從「入流亡所」到「寂滅現前」短短五十二字，理極精深，非言語可表達，五十二字已透露出「六結盡解」、「五陰全破」的道理，一直到「生滅既滅，寂滅現前」，耳根法門就是這樣證得的。無怪乎蘇子由在論《楞嚴經》與《金剛經》時曾說：「初於聞中，入流亡所，乃至寂滅現前，若能如是於一彈指間，遍歷三空，即與諸佛無異矣」！[291]

虛雲老和尚對這五十二字亦有一番開示云：「『初於聞中，入流亡所』，這種方法是以耳根反聞自性，不令六根流於六塵，是要將六根收攝流於法性，故繼著又說『所入既寂，動靜二相，了然不生』，又說『如是漸增，聞所聞盡，盡聞不住』。這意思即是要我們把這反聞的功夫不要滯疑，要漸次增進，要加功用行，才能得『覺所覺空，空覺既圓，空所空滅，生滅既滅，寂滅現前』這種境界。既自以反聞聞自性的功夫，把一切生滅悉皆滅已，真心方得現前，即是說狂心頓歇，歇即菩提」。[292]《楞嚴經》的「反聞聞自性」工夫去修，將所有從「能、所」所造出的一切幻相，回歸到如來藏的清淨本心去，沒有「能動、所動」二相（動結）、沒有「能

---

291 見曾鳳儀《楞嚴經宗通》頁413。
292 詳《虛雲老和尚年譜法彙增訂本》頁263。

靜、所靜」（靜結）、沒有「能聞、所聞」（根結）、沒有「能覺、所覺」（覺結）、沒有「能空、所空」（空結）、沒有「能滅、所滅」（滅結），這樣就可到達涅槃境界，同時亦「解六結、破五蘊」，證得「大圓境智」！

《楞嚴經》雖獨讚「耳根」圓通法門，其實真正的圓通之義，妙在「一即一切；一切即一」，[293]並非唯有「耳根」法門才是唯一了脫生死之路，這點蕅益大師說得最徹底，大師云：「豈可謂斯義獨在耳門？特以阿難一向多聞，今即示以從聞思修勝妙方便。所謂祇須就路還家，不用改絃易轍……所觀之境雖別，所顯之諦何殊？迷時妄說有六，悟則尚不名一……」。[294]可見二十五妙法，門門都是第一的，不論是「五根、六塵、六識、七大」，皆是「大陀羅尼」也。《楞嚴經》的「三摩提妙修行路」，亦不離此，只是看我們會不會用而已。

（二） 觀音彌陀

觀世音菩薩究竟是男是女，是菩薩亦是古佛？這節將討論觀音菩薩與阿彌陀佛的關係。仔細研究觀音菩薩的來源，可知觀音菩薩是早已成佛之菩薩，如《千光眼觀自在菩薩祕密法經》云：「我念往昔時，觀自在菩薩於我前成佛，號曰正法明，十號具足。我於彼時，為彼佛下，作苦行弟子，蒙其教化，今得成佛。十方如來皆由觀自在教化力故，於妙國土得無上道，轉妙法輪」。[295]《念誦結護法普通諸部》亦云：「放種種光變成觀自在菩薩，身光輝焰，如紅蓮花色，頂上髻中有觀自在王如來，

---

[293] 參唐·法藏述《華嚴經探玄記》卷1云：「謂法界自在具足圓滿，『一即一切、一切即一』無礙法門，亦《華嚴》等是也」。詳《大正藏》第三十五冊頁111上。

[294] 見蕅益大師《楞嚴經文句·卷二》，詳《卍續藏》第二十冊頁511下。

[295] 詳《大正藏》第二十冊頁121上。

寶冠瓔珞莊嚴其身」。²⁹⁶《胎藏界三部祕釋》亦云：「觀世音菩薩是已成佛
之佛也，而依本誓現大悲菩薩」。²⁹⁷而大勢至菩薩的「本生故事」卻未曾有
「過去已成佛」之說（關於大勢至菩薩之經論已詳於前文），《觀世音菩薩授記
經》和《悲華經》中亦只言大勢至為「未來成佛」之菩薩。既然觀世音菩
薩為「古佛」，自然比大勢至菩薩之地位要高一些。經論的記載大致都認
為大勢至菩薩「身稍小觀自在」，²⁹⁸這是尊重觀世音菩薩為「長者」及「古
佛」之故。這也許是觀音菩薩在《楞嚴經》「選佛場」上的「位置」要勝於
大勢至菩薩之故吧？

　　觀音菩薩既是「古佛」，那他修何法門？歸何淨土？答案是：修「念
佛」法門及歸「極樂世界」。理由是觀音菩薩頭頂「無量壽佛」且為彌陀的
侍者是諸經中所共說的。如《大阿彌陀佛經・卷上》、《無量壽經・卷下》、
《悲華經・卷三》²⁹⁹、《佛說一切佛攝相應大教王經聖觀自在菩薩念誦儀
軌》³⁰⁰、《瑜伽蓮華部念誦法》³⁰¹、《聖觀自在菩薩心真言瑜伽觀行儀軌》
³⁰²、《大毗盧遮那成佛經疏・卷五》（即指《大日經疏・卷五》）³⁰³、《攝無礙大
悲心大陀羅尼經計一法中出無量義南方滿願補陀落海會五部諸尊等弘
誓力位及威儀形色執持三摩耶》³⁰⁴、《菩提場所說一字頂輪王經・卷三》

296　詳《大正藏》第十八冊頁 906 中—下。
297　詳《大正藏》第七十八冊頁 75 上。
298　《阿唎多羅陀羅尼阿嚕力經》云：「佛右畫觀自在菩薩，左畫大勢至菩薩。皆純金
　　色，作白毯光。二菩薩右手各執白拂，左手各執蓮華，大勢至身稍小觀自在」。見
　　《大正藏》第二十冊頁 25 上。另外《陀羅尼集經・第二》亦載此說，詳《大正藏》
　　第十八冊頁 800 下。
299　詳《大正藏》第三冊頁 168 中—下。
300　經云：「自想頂戴寶冠，內有無量壽佛」。詳《大正藏》第二十冊頁 64 中。
301　經云：「冠上有無量壽佛本尊」。詳《大正藏》第二十冊頁 7 中。
302　經云：「首戴無量壽佛住於定相」。詳《大正藏》第二十冊頁 5 上。
303　經云：「約如來行，故名菩薩，頂現無量壽」。詳《大正藏》第三十九冊頁 632 中。
304　經云：「頂上大寶冠，中現無量壽」。詳《大正藏》第二十冊頁 132 上。

³⁰⁵、《清淨觀世音普賢陀羅尼經》³⁰⁶……等。所以觀音菩薩歸「淨土念佛法門」是無疑的。

甚至在「密教經典」中還記載觀音菩薩與阿彌陀佛乃是「同一尊」之化現，如《大樂金剛不空真實三昧耶經般若波羅蜜多理趣釋·卷下》云：「得自性清淨法性如來是觀自在異名，則此名無量壽。若淨妙佛國土現成佛身，住雜染五濁世界，則為觀自在菩薩」³⁰⁷、《大毗盧遮那成佛經疏·卷五》則云：「即是蓮華部主。謂如來究竟，觀察十緣生句，得成此普眼蓮華，故名觀自在，約如來行，故名菩薩。(觀自在菩薩)頂現無量壽者，明此行之極果，即是如來普門方便智也」。³⁰⁸永明 延壽大師之《宗鏡錄·卷二十四》亦云：「西方無量壽如來，亦名觀自在王如來」。³⁰⁹由此可知觀音菩薩與彌陀的關係是密不可分的。認真來說，《楞嚴》場上的三尊大菩薩其實都終歸「淨土念佛」的。如文殊菩薩乃應阿難機而選觀音耳根圓通，而文殊自己是修「念佛三昧」的（詳於後文之經證）。大勢至菩薩「本因地，以念佛心，入無生忍」。觀音菩薩則頂戴彌陀，手持佛珠，為彌陀侍者，極樂世界未來之「普光功德山王如來」，³¹⁰三尊大菩薩皆同「念佛」、同讚彌陀、同歸淨土。觀音菩薩雖於《楞嚴經》的「選佛場」上「登科」，不正也是「暗助」勢至念佛法門之勝乎？

以上是探討觀音與彌陀的本生故事，下面要介紹觀音法門「聞性」

---

305 經云：「頂髻無量壽，肅然具三目」。詳《大正藏》第十九冊頁 206 下。

306 經云：「菩薩頂上有佛」。詳《大正藏》第二十冊頁 23 上。

307 詳《大正藏》第十九冊頁 612 上。

308 詳《大正藏》第三十九冊頁 632 中。

309 詳《大正藏》第四十八冊頁 548 下。

310 《觀世音菩薩授記經》云：「阿彌陀佛正法滅度後，過中夜分明相出時，觀世音菩薩於七寶菩提樹下，結跏趺坐成等正覺，號普光功德山王如來應供正遍知明行足善逝世間解無上士調御丈夫天人師佛世尊」。詳《大正藏》第十二冊頁 357 上。

與聽聞「彌陀聖號」的關係。淨土法門雖是以「執持名號」為主，但卻著重在「聽聞」上，清・<u>妙空</u>大師的「十二字念訣」中曾將念佛與聽佛號間做成「三念三聽」的十二句誦，其云「**口念耳聽、心念心聽、神念神聽**」，這三種基本都不離「耳聞」的。如「**口念耳聽**」是初學者念佛之法，先由舌根念出，耳根聽入。進而轉熟為「**心念心聽**」，如由心中將一句佛號念清楚，心即在此一句佛號之念處；將一句佛號聽清楚，心即在此一句佛號之聽處。心念出、耳聽入，即出即入、即入即出，則可達「心即佛號、佛號即心」之「**心念心聽**」。最後之「**神念神聽**」是最高的境界，所謂「**神聽**」就是「**念而無念**」；「**神念**」就是「**無念而念**」，[311]此時非心念、非舌念；非耳聞、非心聞；亦是心念、亦是舌念；亦是耳聞、亦是心聞。如此「**非因非自**」、「**非他非共**」，會歸「如來藏性」之「實相念佛」。

　　《十住毘婆沙論・卷五易行品》云：「西方善世界，佛號<u>無量明</u>……其有聞名者，即得不退轉」。[312]淨土經典《無量壽經》處處都說「聞佛名號」之功德云：「我至成佛道，名聲超十方，究竟有不聞，誓不成等覺」、「諸有眾生，聞其名號，信心歡喜，乃至一念，至心迴向，願生彼國，即得往生，住不退轉」，又言：「其佛本願力，聞名欲往生，皆悉到彼國，自致不退轉」。文末後流通分更言：「佛告<u>彌勒</u>，其有得聞，彼佛名號，歡喜踊躍，乃至一念，當知此人，為得大利，則是具足，無上功德」。又言「設滿世界炎，必過要聞法，會當成佛道，廣濟生死流」等。[313]足證《無量壽經》中強調以「耳根」聞佛名號的重要修法，其與《楞嚴經》的「耳根反聞」是有一定關係的。這種以「聽聞佛號」即得「往生」之說後來便為日本淨土真宗所繼承，如云：「讓我們共同地用心『<u>聽聞南無阿彌陀佛</u>』

---

[311] 此說乃引<u>李炳南</u>之答。見《李柄南老居士全集・佛學類之六》頁 1636。

[312] 詳《大正藏》第二十六冊頁 42 上—中。

[313] 以上內容分別見於《大正藏》第十二冊頁 269 中、272 中、273 上、279 上、273 中。

對我們的呼喚……究竟能給我們解脫的，只有『偉大的南無阿彌陀佛』，……歸根結柢的一句話：『感謝南無阿彌陀佛』」！[314]願賦的《阿彌陀經心得記》云：「有一次宗光居士去拜訪妙契居士……宗光居士要回家時，妙契居士送到客運車上，並大聲稱念『南無阿彌陀佛』，接著就說『這一車的人聽到佛號，就已得蒙救度，可是他們自己都還不知道的』。誠哉！妙哉！名號的救度，本即如此不可思議的」。[315]而中國唐朝的善導大師亦云：「設滿大千火，直過聞佛名，聞名歡喜讚，皆當得生彼……其有得聞彼，彌陀佛名號，歡喜至一念，皆當得生彼……萬年三寶滅，此經住百年，爾時聞一念，皆當得生彼……彌陀智願海，深廣無涯底。聞名欲往生，皆悉到彼國」。[316]

　　強調「聞佛名號」即得「往生」的說法是彌陀淨土非常殊勝的地方，因為畜生道的眾生是無法以口舌「執持名號」的，若他們能得「聞」阿彌陀佛聖號而心欲往生其國，也必會得彌陀的「大願」所攝而往生。蕅益大師的《彌陀要解》中即有句話說：「不論至心、散心、有心、無心，或解或不解，但令彌陀名號一歷耳根，或六方佛名，或此經名字，一經於耳，假使千萬劫後，畢竟因斯度脫」、「但得聞佛名者，即是多劫善根成熟」。[317]《稱揚諸佛功德經·卷下》云：「若有得聞無量壽如來名者，一心信樂，持諷誦念……其人當得無量之福，永當遠離三途之厄，命終之後，皆得往生彼佛剎土」。[318]乃至《華嚴經·卷八》云：「寧受無量苦，得聞佛音聲，不受一切樂，而不聞佛名。所以無量劫，受此眾苦惱，流轉生死中，不

[314] 詳淨宗專書《本願唸佛講話》，本願山彌陀淨舍，2000 年 8 月。頁 3。

[315] 詳願賦之《阿彌陀經心得記·第三集》，蓮華精舍，2002 年 3 月七版。頁 151。

[316] 參善導大師《往生禮讚偈》。詳《大正藏》第四十七冊頁 441 上～下。

[317] 詳《大正藏》第三十七冊頁 365 上—中。頁 371 中。

[318] 詳《大正藏》第十四冊頁 99 上。

聞佛名故」。[319]所以「耳聞」佛號之殊勝妙門自然是淨土行者重要的修行關鍵！

（三） 念性生滅

　　古來讀《楞嚴經》者，讀到文殊的偈頌說：「諸行是無常，念性元生滅，因果今殊感，云何獲圓通？」此四句時，就會對淨土法門生出懷疑，甚至誤會佛在經典中乃「貴觀音而遺勢至」？不只是現在的讀者，連古來的祖師註家，看法亦頗不齊，本節就是要深入探討這個問題，佛為何獨選觀音而貶勢至？難道「念佛」之性真是「生滅」？「無常」嗎？印光大師曾對這個問題開示說道：「《楞嚴》一經，不知淨土者讀之，則為破淨土之勳。知淨土者讀之，則為宏淨土之善導。何以言之？以自力悟道之難，淨土往生之易。十法界因果，一一分明，若不仗佛力，雖陰破一、二，尚或著魔發狂，為地獄種子」。[320]這一節筆者準備從幾個觀點來說：「念性」是否歸於「行陰」之「生滅」門？「念性」究竟是用六根那一根念佛？「念性」若必是「生滅」，則餘二十四法亦必為「生滅」也。

　　「念性元生滅」一般的解釋都將「念性」歸「行陰」，這是受了前句「諸行是無常」的影響。如：「凡有運動遷流或起心動念者，都屬『行陰』，皆是無常生滅之法相，雖然大勢至菩薩云『都攝六根、淨念相繼』，而『淨念』終成『有念』，而『相繼』則難免會有『生滅』，所以若是以此『生滅』之因，而求現證其『不生不滅』的圓通，這是不可能的」[321]、「念性亦屬『行

---

[319] 詳《大正藏》第九冊頁 443 下—444 上。

[320] 《印光法師文鈔・上冊》頁 208—209。復永嘉某居士書七。

[321] 詳交光大師《楞嚴經正脈疏・卷六》。詳《卍續藏》第十八冊頁 668 上。

陰』遷流，同為『無常』故……取念佛求生，已落『行陰』，故在所揀」。[322]
像上面這樣的解釋自然與《楞嚴經》整體「四科七大」、「二十五聖圓通」
的架構是不合的。

簡言之，若依「四科七大關係圖」（詳於「根大圓通」一節）可知「五陰」
中的「行陰」是屬「識大」，此與經中將大勢至菩薩歸於「見大」是不合的，
因「見大」是攝「識陰」和「六入」及「十二處」的六根之性，並不含「行陰」
在內。所以大勢至的念佛「根大」圓通不應屬「行陰」，亦不應屬「識陰」，
若屬「識陰」的話則又同於彌勒菩薩的「識大」圓通，所以勢至菩薩的「念
性生滅」明顯的應歸於「根大」圓通，非屬「五陰」中的任何部份。經文言：
「我本因地，以念佛心，入無生忍」加上「我無選擇，都攝六根」，可看出
大勢至的「因地」一定是「不生不滅」的念佛心，即他是以「不生不滅」的
「真心根性」來修「念佛三昧」，所以才能得「無生忍」法。而「都攝六根」
並不是用「意識心」念佛（若是則又同於大目犍連），也不是用「意根」念佛（若
是則同於須菩提），亦不是用「舌根」念佛（若是則同於憍梵缽提），而是用「不
生不滅」的「根性」念佛。或者讀者會問什麼是「不生不滅」的「根性念佛」
（下面只是簡說，詳說請參閱前面「根性念佛」一節）？清·行策大師解釋說：
「此『不生不滅』的『根性念佛』，正是指外不擇眼耳等六根之浮勝之相，
內不擇見聞等六根之性」，[323]說來還是不很清楚。簡單說，只要能做到「都
攝六根」則自然能「淨念相繼」；只要能做到「淨念相繼」則自然能「都攝
六根」，二者是「不即不離」的。能做到「都攝六根」和「淨念相繼」則就是
一種「根性念佛」，即成七大圓通中的「根（見）大圓通」修持法。

---

[322] 通理大師《楞嚴經指掌疏·卷六》。詳《卍續藏》第二十四冊頁544下。
[323] 行策大師《楞嚴經勢至圓通章解》。詳《卍續藏》第二十四冊頁924下。及悟慈大
師《楞嚴經講話（五六）》頁190。和圓瑛大師《楞嚴經講義》頁1032。

　　如果必定從「生滅」上來討論的話，那麼《楞嚴經》上所說的「五陰、六入、十二處、十八界」，無一不是「隨眾生心，應所知量」，[324]無一不是「當處出生，隨處滅盡」[325]、無一不是「性淨明體、妙真如性」。[326]若以「凡情」觀之，「四科七大」皆屬「生滅」，皆非「真如」，即「斷惑證真」成等正覺者，亦不出「生滅」之外。若以「聖智」觀之，非但「斷惑證真」成等正覺等，固屬「真如」，即「四科七大」亦屬「真如」；從本以來，原無一毫「生滅之相」可得。再更進一步說，「真如」與「生滅」亦不可得，如《楞嚴經》明云：「言妄顯諸真，妄真同二妄，猶非真非真，云何見所見？……真非真恐迷，我常不開演」。[327]是故「念性元生滅」之句，何止「念佛」法門是「生滅」，「二十五聖」法法皆「生滅」也。印光大師曾就「念性生滅」句開示說：

　　佛氏門中，何一非「生滅法」乎？「等覺菩薩」破「四十一品無明」，證「四十一分祕藏」，亦不出于「生滅」之外，是「生滅」乃生死之根，亦「菩提」之本，視其人之所用何如耳！「都攝六根，淨念相繼」乃以彼「背覺合塵」之生滅，轉而為「背塵合覺」之生滅，以期證于「不生不滅」之「真如佛性」也。念念在淨土，方可往生，乃「上品往生」者之身分。若執定此義，以自求「上品」，何善如之？若執定此義，以教「中下根人」，則阻人勝推不淺，何以故？以彼必以為此法太高，遂以卑劣自居，不肯修持耳。又此念佛雖屬「意識」，而「諸識咸具」，不觀上文「都攝六根」乎！「六根」既攝，則「六識」將何為乎？即轉送含藏者，亦唯此事而已。[328]

---

[324] 詳《大正藏》第十九冊頁117下。

[325] 詳《大正藏》第十九冊頁114上。

[326] 分別參見《大正藏》第十九冊頁106下和114上。

[327] 《楞嚴經・卷五》，詳《大正藏》第十九冊頁124下。

[328] 《印光法師文鈔・上冊》頁18。復濮大凡居士書。

　　大師的意思是說，念佛雖然是「意識心」、是「行蘊」、是「生滅」，但若能「都攝六根」，六根既「攝」，則「六識」又如何能起作用呢？「六識」不起作用，乃至「八識」亦不起作用，則可會歸「不生不滅」之「佛果」也。

　　筆者的看法是：「念性元生滅」正是要揀別不了「念佛之法」，不懂得用「根性」念佛、不解「念佛義」者（指不會用「都攝六根，淨念相繼」之念佛法），不能解釋為──「執持名號」是一種「生滅」之門。[329]經上不也明言「彼等修行，實無優劣前後差別……歸元性無二，方便有多門，聖性無不通，順逆皆方便」，[330]故可知二十五法，門門皆圓通，皆是「不生不滅」之妙法，何得大勢至之執持名號「獨得」生滅門呢？如果念佛真是「生滅、無常」，那麼憍陳如尊者體悟「客塵」兩字，可以說是已「通達」無常而「不取」無常，並以此契入「不生不滅」的深義，何故仍不能入選為圓通法門呢？所以「念性元生滅」之義不能做出──「無常、生滅」的論斷。明·天然大師甚至認為單獨一個「念」字是有「生滅」的，但「念性」卻是「不生不滅」的，其《楞嚴經直指·卷六》云：「『念』有生滅，『念性』元無生滅。若淨念相繼，則是以『生滅』念合『無生滅性』，猶子憶母，如母憶時，憶佛念佛，必定見佛，理事無礙也」。[331]

　　筆者甚同意大師之說，因為念佛的「性」是「不生不滅」的，而單一的「念」字卻有「口念」、「心念」（意識心）、「舌念」等許多方法，所以「念」字方有「生滅」之說，而其念佛之「性」卻是「不生不滅」的，故此只是為

[329] 筆者的這個說法是參考於明·天然大師《楞嚴經直指》和清·錢謙益《楞嚴經解蒙鈔》之說。詳於《卍續藏》第二十二冊頁 813 下和《卍續藏》第二十一冊頁 457 下。

[330] 參《楞嚴經·卷六》，詳《大正藏》第十九冊頁 130 上。

[331] 詳《卍續藏》第二十二冊頁 813 下。

了揀別「念佛法門」不是最順「此方」之機；不對阿難在楞嚴會上所示現之「機」。並非說「念佛法」一定是「生滅」之「不圓通、不究竟」之法。究算順他人之說而認為「念佛」是「生滅」法，然而大勢至之「都攝六根、淨念相繼」念佛法正是可達「以『背覺合塵』之生滅，轉而為『背塵合覺』之生滅，以期證于不生不滅之真如佛性」的不可思議功效！何故？明・蓮池大師詳言：「蓋『常』不出於『無常』之外；『不生滅性』在『生滅』中。故菩薩雖知『諸行無行』，而不廢『行門』；雖知念屬『生滅』，而不忘攝『念』。明於此義，則知上智念佛，當處有念，當處無念；中下念佛，縣乎有念，入於無念，何殊感之有」？[332]又說：「真如即是生滅，故理不礙事境心；生滅即是真如，故事境心不礙理」。[333]大師是以《起信論》的觀點來說的，如論云：「一切諸法唯依『妄念』而有差別，若離『妄念』，則無一切境界之相」。[334]今既說「念性生滅」，正是「從『有生』悟入『無生』；從『有念』得入『無念』；從『生滅』頓入『無生』矣」！[335]也可以說是一種「以毒攻毒」的妙法，何故？吾人每日的妄想都是一種毒，今「念佛」一法正是「兵」，雖然念念是「生滅」，也未與「般若」相應；但「生滅」也是一種「毒」，然不妨「以毒攻毒、用兵止兵」。蓮池大師就這麼說的：「以念還攻於念，念一佛名，換彼百千萬億之雜念也」。[336]正是此之意也。

或有人以《楞伽經》之「五法三自性」[337]說而認為「念佛，則所稱佛

---

[332] 蓮池大師《阿彌陀經疏鈔續問答》，詳《卍續藏》第三十三冊頁 524 上。

[333] 「真如即是生滅」者：以真如不守自性，五道隨緣故，全真如為生滅，不變隨緣也。「生滅即是真如」者：雖五道隨緣，而緣起無性故，全生滅即真如，隨緣不變也。詳於《卍續藏》第三十三冊頁 356 下和頁 578 下。

[334] 詳《大正藏》第三十二冊頁 576 上。

[335] 此語引古德大師之《彌陀疏鈔演義・卷一》，詳《卍續藏》第三十三冊頁 545 上。

[336] 《彌陀疏鈔・卷一》，詳《卍續藏》第三十三冊頁 345 下。

[337] 五法是「名、相、分別、正智、真如」。三自性是「『名』、『相』是妄計性；『妄相』是緣起性；『正智』、『如如』是圓成性。詳於《入楞伽經・卷七》，詳《大

號屬『名』；所對佛身屬『相』；憶念彼佛屬『妄想』；縱使淨念相繼，入三摩地，亦屬『正智如如』；而復分別是佛，屬『識情』；能念所念，屬『人法』。[338]故「念佛」一法全是「生滅」之論，亦是頓教「一念不生即名為佛者」之法門所遣。關於這個問難，筆者舉蓮池大師之說作回答，大師云：「良繇一心不亂，則不以『有心』念；不以『無心』念；不以『亦有亦無心』念；不以『非有非無心』念。離此四句，更有何念？雖名念佛，蓋『無念之念』也。『念而無念』是名『一心』，如是之心，心無其心，強名曰『一』。尚無『一』相，安求所謂『五者、三者、八者、二者』？然則『一心不亂』，不異『一念不生』，焉得非頓」？[339]

　　大師之「離四句」念佛正是說：在念佛的當下，如果能夠明明白白的一心念佛，不去分別那是念佛的淨念或是染念，也不要存著「我不分別」的念頭，如此心不做「佛念想」，也不做「妄念想」的念佛功夫，就是佛典常說的「念而無念」。而實行這種「念而無念的念佛」的功夫，就叫「無念而念」。既然能「念而無念，無念而念」，則成「理事」圓融無礙的「一心不亂」念佛。此時可說是「以佛證心，以心證佛」，亦可說是「以佛證佛，以心證心」，故蓮池大師云：「一心不亂」不異「一念不生」，[340]是故念佛一門確是極頓極圓極妙的成佛大法。

　　大勢至菩薩的念佛法在楞嚴會上雖被評為「生滅」、「殊感」之說，但他的「我無選擇」，卻是六根全包，利鈍全收，亦能相容於餘二十四聖法，何故？印光大師云：「『無選擇』者，遍用『根、塵、識』大以念佛也」。[341]

正藏》第十六冊頁 557 中—下。
[338] 見《阿彌陀經疏鈔・卷一》，詳《卍續藏》第三十三冊頁 349 下。
[339] 詳於明・蓮池大師《阿彌陀經疏鈔・卷一》，詳《卍續藏》第三十三冊頁 349 下。
[340] 詳於明・蓮池大師《阿彌陀經疏鈔・卷一》，詳《卍續藏》第三十三冊頁 349 下。
[341] 參見《印光法師文鈔三編上・卷一》頁 17 之「復明性大師書」。

因為「根大」就包括了「五陰、六入、十二處、十八界」(詳於「根大圓通」一節)之「根性」；換言之，二十四聖如果也來修「念佛法」一樣可以成就，但若他們彼此互換法門而修，可能不一定成功。因為「此方教體」是在「耳根圓通」，然而「念佛圓通」卻是「三根普被、十方根機皆適」的第一殊勝之法。明・蓮池大師開示說：「耳根不攝念佛，念佛能攝耳根，是故耳根者，此方釋迦如來所讚；念佛者，『十方恆沙如來』所讚，今從『多讚』故也」。[342]清・省庵大師亦云：「念佛圓通攝耳根，耳根誰謂獨『超倫』？音聞既是圓常體，名字元非生滅因」。[343]乃至民國李炳南居士說：「若對『此方』之機，娑婆眾生，『耳根』利故，所以觀音當選。若對『十方』通論，『念佛』法門都攝六根，橫超三界，直截生死，速證菩提，無有何門可及，故稱第一」。[344]三師之說正是大勢至「盡攝諸機」的證明。

(四) 會禪歸淨

會禪歸淨，其實就是要討論比較觀音(禪)與大勢(淨)這兩個法門。筆者認為在諸家祖師註疏中，獨以印光大師對勢至和觀音法門見解最為精闢，直可謂大師不愧是大勢至菩薩再世。下面就各註家之高見進行比較解說，並提出自己的十二點淺見，相信對「貴觀音而遺勢至」的問題可以做一個圓滿的解釋，解決二千五百年前《楞嚴經》「選佛場」上的一個「懸案」。

(1)佛陀在《楞嚴經》前文雖令眾生一門深入，但卻未曾明說何法門較適此土根機？且二十五聖對其所修的法門，都認為自己是「真實圓

342　見《彌陀疏鈔・卷四》，詳《卍續藏》第三十三冊頁 473 上。
343　見《省庵法師語錄・卷下》，詳《卍續藏》第一〇九冊頁 628 上。
344　詳於《李炳南老居士全集・佛學類之六》頁 1532。

通」。所以為了對應此土眾生之「機」與「情」，必然得簡擇出「一」個法門。若依果位來論，則法法皆妙，實無優劣前後之差別，二十五聖所修所行，畢竟無二，皆會歸「不生不滅」之「如來藏」性，如經云：「歸元無二性，方便有多門，聖性無不通，順逆皆方便」。[345]「順逆」二字，孤山解曰：「觀音耳根則順，餘聖諸根則逆。對此方之機為順，不對此方之機為逆也」。[346]交光大師則說：「二十五聖，或順人，或逆人，無非入理方便，如千逕九達，皆達帝京也……」。[347]所以「順」與「逆」對佛來說皆是「方便」而已。因為十方如來，於任何「一切法門」，皆能證得圓通，何須「簡擇」二十五門？故佛當然不簡擇其優劣，然而佛卻在《楞嚴經》中一再暗示密選「耳根」為「此方」之教體，並令文殊「代表」擇之。

（2）今以文殊為主導，文殊乃大智慧者，過去又兼七佛之師，故文殊是初機導師。如《華嚴》以文殊為幼男，始則先說「名號四諦」以開圓信，後則指示善財遍參善知識以求道，這也是佛為何要敕文殊菩薩「簡擇」法門之因。其實在二十五聖中，與文殊地位「齊肩」者亦不少，所以文殊在揀擇時謙虛的——「奉佛慈旨……承佛威神，說偈對佛」[348]——之詞答道，改以「偈」對，不以「文」對；以「奉佛承佛」對，而不以「己」對，這是文殊在「簡擇」法門前的說詞技巧。之後文殊雖選了觀音的「耳根」法門，這乃是對著阿難的「機」所選，其實文殊他自己是修「念佛往生」的法門，這是有經證的，如《文殊師利發願經》云：「願我命終時，除滅諸障礙，面見阿彌陀，往生安樂國」[349]、《文殊師利所說摩訶般若波羅蜜經·卷下》上讚歡念佛的功德是：「念一佛功德，無量無邊，亦與無量諸

---

[345] 見《楞嚴經·卷六》，詳《大正藏》第十九冊頁 130 上。
[346] 見《楞嚴經講義》頁 1019。
[347] 參《楞嚴經正脈疏·卷六》，詳《卍續藏》第十八冊頁 662 下。
[348] 參《楞嚴經·卷六》，詳《大正藏》第十九冊頁 130 上。
[349] 詳《大正藏》第十冊頁 879 下。

佛無二，不可思議」³⁵⁰、《觀佛三昧海經·卷九》中文殊菩薩告訴大眾他往昔修「念佛三昧」成就之語：「文殊菩薩告諸大眾……爾時彼國有大長者，長者有子名曰戒護……時彼童子親侍諸佛間無空缺……彼諸世尊亦以身色化度眾生。從是已後，即得百千億『念佛三昧』……時彼童子豈異人乎？今我身是」。³⁵¹在《無量壽經起信論》中更記載文殊勸修念佛求生淨土之文：「唐 法照上五臺，入大聖 竹林寺，見文殊、普賢二大菩薩，問修行之要。文殊曰：『諸修行門無如念佛，我於過去劫中，因念佛故，得一切種智。是故一切諸法，般若波羅蜜多，甚深禪定，乃至諸佛正遍知海，皆從念佛而生……此世界西有阿彌陀佛，彼佛願力不可思議，汝當繼念，令無間斷，命終之時，決定往生』」。³⁵²

文殊菩薩在《楞嚴經》選佛場上，為阿難之「機」而選「耳根」，而其實他自己是修念佛法門的，這是讀《楞嚴經》不可忽略的地方。

（3）文殊菩薩代表「根本智」，今欲明「圓通」，則需自己去抉擇。如《圓覺經》上之「二十五輪」，³⁵³敕諸末世，依鬮取決，³⁵⁴如來終不以「一法」偏授與人，此正顯「聖無可簡」；法亦「無可簡」。對聖而言，「迹」有「權」、有「實」，然本皆法身大士；「法」則有「四科七大」，無非皆是「如來藏」性。阿難為「多聞」之士，則必從「聞、思、修」入手，但並不代表人人根器皆同阿難，否則其餘二十四聖為何不也修「耳根」入手？阿難於餘二十四法不得圓通，此乃依阿難而「揀」，並非餘二十四法都不能修得

---

³⁵⁰ 詳《大正藏》第八冊頁 731 中。在《大寶積經·卷百十六》頁 655 中，亦有同樣的經文記載。

³⁵¹ 詳《大正藏》第十五冊頁 187 下—188 中。

³⁵² 詳《卍續藏》第三十二冊頁 554 下。

³⁵³ 《圓覺經》之二十五種清淨定輪，見《大正藏》第十七冊頁 918 中—919 上。

³⁵⁴ 「鬮」者，指客觀取決事件的一種方法。

圓通。阿難宜於「聞根」，並非餘二十四聖也都宜於「聞根」。「此方」之真教體，是在「音聞」，並不代表「十方」皆盡然。所以觀音的耳根圓通仍是限於「此方」之根器，比不上「攝盡十方根機」的「念佛」圓通法門。[355]

　　說到此，有人會懷疑經文不也明言此「耳根」法門是——「此是微塵佛，一路涅槃門，過去諸如來，斯門已成就。現在諸菩薩，今各入圓明，未來修學人，當依如是法，我（指文殊）亦從中證，非唯觀世音」[356]——。這要稍加解釋的是：[357]若約「初機」一門深入來說，則「耳根」圓通之法，不但觀音修之，即十方三世佛亦可從此「耳根」入門，亦即以此一「耳根」法門可以豎窮橫遍三世的。套句《華嚴經》的話說：「於『一法』中，解『眾多法』。『眾多法』中，解了『一法』。」[358]若約「究竟圓通」之性來說，則「耳根」圓通即是二十五種圓通；其餘二十四圓通，乃至十方三世種種法門，皆可名為「耳根」圓通。如《華嚴經探玄記・卷二》所云：「一門攝一切門」[359]，故《楞嚴經》云「一路涅槃門」[360]正示此理。「耳根」圓通與其「二十四聖」圓通，皆是「不生不滅」的圓通涅槃道，讀者不可泥於「文」而失全旨。總之，文殊之揀擇法乃：「正顯簡『機』不簡『聖』；簡『情』不

---

[355] 念佛法門攝盡十方三世一切眾生，乃至「一念」，也必然蒙佛大慈大悲的救護。《無量壽經・卷下》云：「佛語阿難，其下輩者。十方世界諸天人民，其有至心欲生彼國，假使不能作諸功德，當發無上菩提之心。一向專意乃至十念，念無量壽佛願生其國，若聞深法歡喜信樂不生疑惑，乃至一念念於彼佛，以至誠心願生其國，此人臨終夢見彼佛亦得往生」。詳《大正藏》第十二冊頁 272 下。

[356] 《楞嚴經・卷四》，詳《大正藏》第十九冊頁 131 中。

[357] 下面的觀點皆參考蕅益大師之說，見《楞嚴經文句・卷六》，詳《卍續藏》第二十冊頁 641 上。

[358] 詳《大方廣佛華嚴經》卷 28〈24 十忍品〉。CBETA, T09, no. 278, p. 580, c。

[359] 詳《大正藏》第三十五冊頁 137 中。

[360] 此「一路涅槃門」句，守培大師解曰：「一路涅槃門指反聞之功用而言，非指聞性而言也，反聞為路，聞性為家，故二十四聖法門雖異，旋塵歸性，未嘗不同也」。故云「一門即一切門，一切門即一門」，見《楞嚴經妙心疏・卷六》頁 22。《佛教藏》第一二一冊頁 445。

簡「法」」，[361]是從「機」與「情」來揀，不是在分別「聖賢」與「法門」的高下。因為依「聖」、依「法」來說的話，則兩俱「不可得」，歸元是「無二性」的，一切法都是平等無二的。

（4）清・續法大師說：「十方法門，念佛為最，故以念佛圓通當十方機，等於觀音。約念佛法門中，若『事念他佛』，助顯本覺性佛，則次泥洹，異於觀音。若『理念自佛』，直顯涅槃心佛，則等泥洹，同觀音矣。所謂『不假方便，自得心開』是也。如此念佛法門不稱第一，而謂之何哉？」[362]

續法大師以「理事」來分析「念自佛、念他佛」，並與觀音法門互較，若「事念他佛」則次於觀音法門，若「理念自佛」則同於觀音法門。站在「理」與「事」的念佛修法上，究竟該如何抉擇？是「事修」為妙？還是「理修」為上？這在《彌陀要解講義》中有詳細說明：「念佛一法，有『事念、理念』，何謂『事念』？以能念之心，念所念之佛，能所分明，念念無間，行住坐臥，惟此一念，更無二念，不為內惑外境之所動亂，名得『事一心』。何謂『理念』？了知能念心外，無有佛為我所念，所念佛外，無有心能念於佛，佛即是心，心即是佛，心佛一如，無有二相，唯是一心，寂然不動，名得『理一心』，故曰『攝事理以無遺』」。[363]若能達「事一心」不亂，則「見思任運先落，生方便有餘土」，若能達「理一心」不亂，則「豁破無明一品，乃至四十一品，生實報莊嚴淨都，亦分證常寂光土」，[364]所以從「持名念佛」的事項上修，則可「攝事理以無遺」而達「全事即理」之

361 此語見蕅益大師《楞嚴經文句・卷六》，詳《卍續藏》第二十冊頁 635 上。
362 續法大師《楞嚴經勢至念佛圓通章疏鈔・卷下》。詳《卍續藏》第二十四冊頁 925 上。
363 圓瑛大師《彌陀要解講義》頁 25。
364 見《彌陀要解》，詳《大正藏》第三十七冊頁 365 上。

境。

　　續法大師的「理念自佛」之說即同於觀音之法。或有人懷疑，為何不直接修觀音法，何必一定修念佛法？蓮池大師的《彌陀疏鈔・卷一》對此有詳細的說明：「著『事』而迷『理』，類蒙童讀古聖之書（昏稚未開，僅能讀文，了不解義。所謂終日念佛，不知佛念者也）。執『理』而遺『事』，比貧士獲豪家之券（自云巨富，不知數他人寶，於己何涉。所謂雖知即佛即心，判然心不是佛者也。是故約理則無可念。約事，則無可念中，吾固念之。以念即無念，故理事雙修，即本智而能佛智。夫然後謂之大智也）、「然『著事』而念能相繼，不虛入品之功。『執理』而心實未明，反受『落空』之禍」。365大師的意思是，選自證圓通的禪法，如果「心未明」，反受「落空」之禍，不如「著事而念」，且能達「不虛入品之功」。蓮池大師又進一步比對觀音與大勢二法的優劣說：「耳根者，偏逗『此方』之機。念佛則普逗『十方世界』之機也……耳根者，偏逗『人類』之機，念佛則普逗『六道眾生』之機也」。366這都一再的說明大勢念佛法的確涵攝了十方世界的六道眾生，這是觀音法門所不及之處。

　　（5）明・交光大師在《楞嚴經正脈》中解釋說：「通論二十四聖，約其所證，必等觀音，而原其入門不從本根，略有四緣，所以當揀。一者：不對方宜。二者：不便初心。三者：別有資藉。四者：非常修學。反顯耳根、對方宜、便初心、不勞資藉，通常可修也」。367

　　交光大師認為文殊不揀念佛法門，乃因「不對方宜」（即不適合此方娑婆之教）、「不便初心」（即不適初心入佛門者修習）、「別有資藉」（需藉他法以修）、

---

365 詳《卍續藏》第三十三冊頁 335 下。

366 見《彌陀疏鈔・卷四》，詳《卍續藏》第三十三冊頁 473 上。

367 《楞嚴正脈疏・卷六》，詳《卍續藏》第十八冊頁 688 下。

「非常修學」（不是常人所能修）四個原因。但這樣的說法是有待商榷的，守培大師的《楞嚴經妙心疏》針對交光的看法解釋道：「❶『不對方宜』，二十四聖，非盡他方之人耶（如六塵、五根等人皆是，六識除普賢菩薩等皆是此方娑婆之人）？❷『非初心方便』，二十四聖，誰非從初修習耶？❸『別有資藉』，如阿那律陀，旋見循元，有何資藉乎？又如憍梵缽提，還味旋知，與反聞自性，有何異乎？❹『非常修習』，二十四法，豈皆非常人能修習也」。[368]關於「非初心方便」一語，蓮池大師也表示：「故知念佛，菩薩之父，生育法身，乃至十地，始終不離念佛，何得初心自足，不願往生」？[369]我想三位大師的見解各有所長，就讓它「見仁見智」吧！

（6）民初淨土宗第十三代高僧印光大師的看法是：「《大佛頂首楞嚴經》者，乃三世諸佛圓滿菩提之密因，一切菩薩趣向覺道之妙行，故名之為首楞嚴也……又以二十五聖，於二十五法，各證圓通，以實其經。此經為對阿難多聞，及娑婆聞性最利之機，故文殊選擇，唯取觀音。而淨土念佛法門，普逗十方三世一切眾生之機，故列於彌勒之後，觀音之前，以密示其普逗群機之意。否則當列於虛空藏之後，彌勒之前矣……果能具真信切願，如子憶母，都攝六根，淨念相繼而念。即是以勢至反念念自性，觀音反聞聞自性，兩重工夫，融於一心，念如來萬德洪名，久而久之，則即眾生業識心，成如來祕密藏」。[370]「《楞嚴》開首徵心如是難，則知末世眾生猶欲以研究了事者，其為自誤誤人大矣。而況二十五圓通，列勢至於觀音之前，其主持淨土也大矣……《楞嚴》一經，實為弘淨土之妙經，然未知淨土法門者，每每因《楞嚴》而反藐視淨土法門，

---

[368] 《楞嚴經妙心疏・卷六》頁19。《佛教藏》第一二一冊頁440。

[369] 《彌陀疏鈔》。詳《卍續藏》第三十三頁172上。

[370] 《印光法師文鈔續編・下冊》頁298—300之「《大佛頂首楞嚴經》楷書以供眾讀誦序」。

所謂仁者見仁，智者見智，由己未具正眼，故以己意會經意之所致也」。[371]

　　大師以「列於彌勒之後，觀音之前，以密示其普逗群機之意」。這樣的分析正是讓大勢菩薩「坐三居中」，「密示」接引十方三世的眾生，即「利鈍全收、三根普被」也。《大悲經·卷三》上說：「乃至一稱佛名，一生信者，所作功德，終不虛設……若有淨心諸眾生等，作是稱言南無佛者，阿難！彼人以是善根必定涅槃，得近涅槃」、[372]《摩訶般若波羅蜜經·卷二十一》云：「若有人一稱南無佛，乃至畢苦，其福不盡」、[373]《法華經·卷一》進一步的說：「若人散亂心，入於塔廟中，一稱南無佛，皆已成佛道」。[374]足見念佛法門之殊勝是觀音法門比不上的，且「念佛」置於第二十四位，亦有教人以「念佛」為「先」之意。劉道開曾說：「一心念佛與決定參禪者，本無二致，故『念佛』之『後』，而繼之『參禪』也。則知此方唯有二門，為入道之要路。蓋觀音 勢至，皆彌陀輔弼之臣，一以念佛接人，一以參禪誨眾，皆是就此界根機，各開戶牖」。[375]

　　古來祖師大德「禪淨雙修」的很多，但多數是「會禪歸淨」，很少聽說「捨淨歸禪」的。如百丈 懷海禪師制定「禪林清規」，法定在「茶毗」之時，應稱揚彌陀名號。至唐末五代的永明 廷壽大師出世，毅然提倡「禪淨雙修」、「理事無礙」、「空有相成」為佛教之本旨，期望禪宗的見性成佛，也應「廣修萬善」、「迴歸淨土」。後人中峰國師、蓮池大師、蕅益大師、徹悟大師……乃至代近廣欽老和尚……等都是走「即禪即淨」、「會禪歸淨」

---

[371] 《印光法師文鈔三編·下冊》頁 985。復周群錚居士書。
[372] 詳《大正藏》第十二冊頁 958 上—中。
[373] 詳《大正藏》第八冊頁 375 上。
[374] 詳《大正藏》第九冊頁 9 上。
[375] 《楞嚴貫攝·卷五》，詳《卍續藏》第二十三冊頁 326 上。

的路。

（7）明・交光大師云：「《大本彌陀經》云：『極樂清淨，次於泥洹』。觀音所修，仍諸佛『一路涅槃』之門，正是『泥洹』極果。今令不能修自心『泥洹』者，其次莫若『念佛求往生』也。此固經文不終彌勒，而終於勢至之深意也」。[376]

　　觀音法門是「自修自證」之「涅槃門」，一般凡夫較難修證，且末法眾生「根機鈍劣」，不如修念佛法門較為穩當。《彌陀要解》云：「然於一切方便之中，求其至直捷，至圓頓者，莫若念佛，求生淨土」[377]、「唯持名一法，收機最廣，下手最易，故釋迦慈尊，無問自說……可謂方便中第一方便，了義中第一了義，圓頓中最極圓頓」。[378]餘之二十四聖法雖高妙，但以末法之「機」似未能令人當生即獲「圓通、現證」，所以退而求「念佛往生」，此亦是諸佛之「一路涅槃門」也。如印光大師說：「二十四圓通之工夫，今人誰能修習？唯『如子憶母』之念佛，凡有心者，皆堪奉行，但得『淨念相繼』，自可親證三摩。知好歹者讀之，其肯唯主『自力』，不仗『佛力』乎？不知好歹者反是，以其止欲為『通家』，無心『了生死』耳」。[379]

（8）清・溥畹大師云：「蓋禪定淨業，此之二門，乃出生死入菩提之要路也。故觀音勢至各開門戶，一以『念佛』利生，一以『禪定』誨眾，無非『隨機施設』，引歸最上一乘。其如末世『人我』山高，彼此相尚，故

---

[376] 《楞嚴經正脈疏・卷六》，詳《卍續藏》第十八冊頁 629 下。

[377] 詳《大正藏》第三十七冊頁 363 下。

[378] 詳《大正藏》第三十七冊頁 365 上。

[379] 《印光法師文鈔・上冊》頁 209。復永嘉某居士書七。

修禪定者，不知念佛之深義。修淨業者，罔措參禪之妙訣。倘非一心不亂之義，參禪則禪必不悟；若非如貓捕鼠之訣，念佛則佛必不成。勿謂念佛易而參禪難，須知『難則俱難』，『易則俱易』，唯在當人『信力』淺深，種子成熟與不成熟耳……今終『根大』者，以勢至念佛與觀音禪定，互相表裡，皆為華屋之正門也。乃示吾人，若不參禪，即當『念佛』，所謂方便有多門，歸無二路者也」。[380]

　　大師以禪淨來分別詮說觀音與勢至，正如永明 延壽的四料簡中說的：「有禪無淨土，十人九蹉路，陰境若現前，瞥爾隨他去。無禪有淨土，萬修萬人去，但得見彌陀，何愁不開悟？有禪有淨土，猶如戴角虎，現世為人師，來生作佛祖。無禪無淨土，鐵床併銅柱，萬劫與千生，沒個人依怙」。[381]參禪與念佛在本體上仍是可合一的，如大勢至菩薩「以念佛心，入無生忍」，可謂是「佛(淨)兼禪」也；而普賢菩薩以不可思議之解脫，

---

[380] 《楞嚴經寶鏡疏・卷五》，詳《卍續藏》第九〇冊頁 749 下—750 上。

[381] 「四料簡」的出處，傳統的說法是謂：清僧濟能編《角虎集・卷下》一書（詳於《卍續藏》第一〇九冊頁 555 下—556 上），謂延壽之「四料簡」乃出自《宗鏡錄》，但遍查《宗鏡錄》絕無此文（以電腦檢索），然天下流傳已久，古來皆不敢說他是偽託的。其實永明之「四料簡」說最早應出於元・惟則 天如（？—1354）之《淨土或問》(此書作於 1341 年後)中云：「永明 壽和尚……奈何說禪之外，自修淨土之業，而且以教人復撰揀示西方等文，廣傳於世，及作四料揀偈，其略曰『有禪無淨土，十人九蹉路，無禪有淨土，萬修萬人去』。看他此等語言主張淨土，壁立萬仞無少寬容，無乃自屈其禪而過讚淨土耶……當知永明非過讚也，深有功於宗教者也，惜永明但舉其綱而發明未盡，故未能盡遣禪者之疑也…中略…然則永明所謂『有禪有淨土，猶如帶角虎，現世為人師，來生作佛祖』，豈不驗於此哉，勉之勉之」（見《大正藏》第四十七冊頁 292 中和頁 302 下）。《淨土或問》只見永明四料簡之略文，後明・道衍大師（1335—1418）初所編的《諸上善人詠》(1381 年編)中亦只提永明有四偈勸禪人兼修淨土，那四偈並未提及（詳於《卍續藏》第一三五冊頁 102 下）。一直到大祐（1334—1407）編的《淨土指歸集》(1393 年編)才見四料簡的「全文」（詳於《卍續藏》第一〇八冊頁 134 下—135 上）。妙叶的《寶王三昧念佛直指》(1395 年編)亦只略提永明四料簡（《卍續藏》第一〇八冊頁 786 下）。往後的蓮池大師（1532—1612）之《阿彌陀經疏鈔問辯》都繼續的宣揚永明四料簡下去（見《卍續藏》第三十三冊頁 525 上）。

往生安樂世界，可謂是「禪兼佛（淨）」也。[382]《坐禪三昧經》不也說：「菩薩坐禪，不念一切，惟念一佛，即得三昧」。[383]元‧中峰國師亦開示說：「禪即淨土之禪；淨土乃禪之淨土」。[384]在當今末法中，「有禪無淨」仍是危險的修行路，故寧可「無禪有淨」，萬修萬人去，選勢至念佛法應是最上一乘之入門要道！

（9）蓮池大師云：「世人徒知今經獨貴『耳根』，不知他經云此五根者，『意』為之主，則耳根不圓通歟？世人徒知此經獨尚觀音，不知他經云正法眼藏惟付迦葉，則觀音不得正法歟？持百千萬億觀音名號，不如一稱地藏，則觀音不足稱念歟？喻如夫子云：吾與點也，未聞顏閔之見棄也。又云：君哉舜也，未聞堯禹之不君也，敬母而慢父，譽日而毀月，拘人曲士之僻見耳，尚何足以語圓通哉」？[385]

大師的看法是從整個佛經上著手，佛法八萬四千，門門是第一，唯應病予藥，根機深淺不同，故每於經中皆有所專提倡之法門，讀者必須明瞭佛於某經中提倡法門的用意，就如十方皆讚的阿彌陀佛極樂世界，[386]也有不同的「聲音」。如《佛說阿彌陀三耶三佛薩樓佛檀過度人道經》

---

[382] 「佛兼禪」與「禪兼佛」之說，請參閱蓮池大師《阿彌陀經疏鈔問辯》。詳《卍續藏》第三十三冊頁525上。

[383] 這句話在淨土宗流傳已久，但查《坐禪三昧經》中並無此語。筆者推測是其卷上的經文「專心念佛，不令外念，外念諸緣攝之令還，如是不亂，是時便得見一佛二佛乃至十方無量世界諸佛色身，以心想故皆得見之」。見《大正藏》第十五冊頁277上。

[384] 見《天目中峰和尚廣錄第五之下》，《佛教藏》第七十三冊頁887。

[385] 見《楞嚴摸象記》，詳《卍續藏》第十九冊頁26上。

[386] 經典之證頗多，茲舉《佛說阿彌陀佛三耶三佛薩樓佛檀過度人道經》云：「阿彌陀佛光明，最尊、第一、無比，諸佛光明皆所不及也……諸佛光明之極明也！……諸佛中之王也」（《大正藏》第十二冊頁302中—303上）。《大乘入楞伽經》：「十方諸剎土，眾生菩薩中。法身及報身，化身及變化，皆從無量壽，極樂國中出」。（《大正

和《維摩詰所說經》就說「穢土」修行比「淨土」修行更易成就，《佛說阿彌陀三耶三佛薩樓佛檀過度人道經‧卷下》云：「若曹於是（此娑婆世界），益作諸善：布恩施德，能不犯道禁忌，忍辱，精進，一心，智慧，展轉復相教化，作善為德。如是經法，慈心、專一、齋戒清淨一日一夜者，勝於在阿彌陀佛國作善百歲。所以者何？阿彌陀佛國皆積德眾善，無為自然，在所求索，無有諸惡大如毛髮。佛言：於是（此娑婆世界）作善十日十夜者，其德勝於他力佛國中人民作善千歲。所以者何？他方佛國皆悉作善，作善者多，為惡者少。皆有自然之物，不行求作，便自得之。是間（此娑婆世界）為惡者多，作善者少，不行求作，不能令得。世人能自端制作善，至心求道，故能爾耳」。[387]《維摩詰所說經》云：「此土（此娑婆世界）菩薩，於諸眾生大悲堅固，誠如所言。然其一世饒益眾生，多於彼（眾香）國百千劫行。所以者何？此娑婆世界有十事善法，諸餘淨土之所無有」。[388]其他《思益梵天所問經‧卷一》[389]、《文殊支利普超三昧經‧卷上》[390]、《大寶積經‧卷五十八‧文殊師利授記會》[391]、《阿惟越致遮經‧卷上》[392]……等都有同樣的經文說明。[393]

藏》第十六冊頁 627 中）。

[387] 詳《大正藏》第十二冊頁 315 下。同本異譯的《無量壽清淨平等覺經‧卷四》（詳《大正藏》第十二冊頁 297 下—298 上）和《無量壽經‧卷下》（詳《大正藏》第十二冊頁 277 下）都有同樣的文字記載。

[388] 詳《大正藏》第十四冊頁 553 上。

[389] 詳《大正藏》第十五冊頁 34 下—35 上。

[390] 詳《大正藏》第十五冊頁 412 上。

[391] 詳《大正藏》第十一冊頁 340 下。

[392] 詳《大正藏》第九冊頁 199 上。

[393] 《稱揚諸佛功德經‧卷上》云：「十方諸佛為諸眾生廣說法時，皆先讚歎阿閦如來名號功德」（詳《大正藏》第十四冊頁 88 上），這表示阿閦佛也有著尊勝的地位。《菩薩處胎經‧卷三》甚至說：「或有菩薩摩訶薩，從初發意，乃至成佛，執心一向，無若干想，無瞋無怒，願樂欲生無量壽佛國……前後發意眾生，欲生阿彌陀佛國者，皆染著懈慢國土，不能前進生阿彌陀佛國。億千萬眾，時有一人，能生阿彌陀佛國」（詳《大正藏》第十二冊頁 1028 上），經文言「億千萬眾，時有一人，能生阿彌陀佛國」

　　這是表示「十方淨土」都各有其殊勝的地方，連娑婆世界也有「十事善法，諸餘淨土之所無有」[394]的殊勝。雖然如此，釋迦佛在娑婆講經仍然偏重於阿彌陀佛及其淨土，這在《佛說灌頂經・卷十一》中說得明白，經云：「普廣白佛言：世尊何故經中讚嘆阿彌陀剎？……佛告普廣菩薩摩訶薩：汝不解我意，娑婆世界人多貪濁，信向者少，習不信正法，不能『專一』，心亂無志，實無差別。令諸眾生『專心』有在，是故讚嘆彼國土耳。諸往生者，悉隨彼願無不獲果」[395]所以在整個《大藏經》上仍然有對極樂淨土「不讚許」的地方；不過修行還是看個人的「願力」而定，《便蒙鈔》中就針對這個問題舉了十點關於兩土「成佛難易」之說，[396]而望西的《無量壽經鈔》亦有一段開示云：「如《往生要集》云：『此經但顯修行難易，非顯善根勝劣。譬如貧賤施一錢，雖可稱美，而不辦眾事，富貴捨千金，雖不可稱美，而能辦萬事，二界修行，亦復如是』。若欲速辦成佛利他眾事，專欣淨土，何留穢土，不辦佛道」？[397]所以「留」與「不留」，就看各位了！

　　（10）清・行策大師說：「於觀音則『明選』，於勢至則『暗選』耳，良以圓根別入故『明選』，諸相總攝故『暗選』。此方教體故『明選』，此土

是有點貶彌陀淨土。

[394] 詳《大正藏》第十四冊頁 553 上。

[395] 見《大正藏》第二十一冊頁 529 下。東晉帛尸蜜多羅譯。全名是《佛說灌頂隨願往生十方淨土》。

[396] 十點如下：❶常常見佛故易，濁世不常見佛故難。❷淨土常常聞法故易，濁世不常聞法故難。❸淨土諸善俱會故易，濁世惡友牽纏故難。❹淨土無有魔事故易，濁世群魔惱亂故難。❺淨土不受輪迴故易，濁世輪迴不息故難。❻淨土無三惡道故易，濁世惡趣難逃故難。❼淨土勝緣助道故易，濁世塵緣障道故難。❽淨土壽命無量故易，濁世壽命短促故難。❾淨土圓證不退故易，濁世修行多退故難。❿淨土一生成佛故易，濁世多劫難成故難。見圓瑛大師《彌陀要解講義》頁 387。

[397] 轉引自黃念祖著《佛說大乘無量壽清淨平等覺經解》頁 687。

有緣故『暗選』。通益當機，時會現未眾生故『明選』。別益惡世法末時，不見佛眾生故『暗選』。虎榜高顯處，人所共知，朱衣暗點時，人所不覺，故曰大有『淆譌』，須善讀善會也」。[398]

　　大師以「明選暗選」來解釋大勢與觀音法門各有殊勝之妙，其實佛講經三百餘會，明說暗點的宣揚「西方淨土」就有二百餘部，大部份的經典佛都只講一遍，唯獨淨土經論則「多次宣講」，甚至重複宣講，[399]所以念佛法門在經藏中可謂是「明點暗示」，處處指歸。經典中正說的「淨土三經」，加上《普賢行願品》、《楞嚴經》「大勢至念佛圓通章」，共為「淨土五經」。其他經論帶說的就有百餘部，詳見《淨宗經論合刊》內載二百四十餘種。[400]

　　或許有人會問：既然千經萬論都說淨土，為何佛不全部專談淨土？將《楞嚴經》上的「念佛圓通章」歸於第一最勝的圓通，俾使萬法能歸一，不令眾生盲修瞎煉，因多歧而致惑之感？印光大師曾就這樣的問題回答

---

[398] 《楞嚴經勢至圓通章解》，詳《卍續藏》第二十四冊頁 931 上—下。

[399] 《無量壽經玄義》云：「本經譯本，自漢迄宋，凡有十二，宋元而降，僅存五種……總八代十二譯。《甄解》云：凡於諸經中，傳譯之盛，無如今經，斯乃以出世正意，利益無邊故。《會疏》云：凡於一切經中，傳譯盛然，無如今經。斯乃道理幽邃，利益最上故也」。清·沈善登居士《報恩論》云：「其所以不同之故，略考諸經，約有三端。❶譯手巧拙不同……❷梵本傳寫不同……❸本師前後多次宣說不同。本師三百餘會說法，既多指歸淨土，則自然屢說不一說，而亦隨時隨機，開通大意，依義不依語，顯然可知」（見《卍續藏》第一〇一冊頁 489 上—下）。日·日溪法師亦云：「異譯文句，與今經（魏譯本）稍差異者不少，思夫，多異本，傳者不一，故致斯異，亦或非一時說，例如般若諸經。以此經如來本懷，處處異說，致此多本，蓋此大悲之極處也」。釋迦多次宣說此法，實有根據，又如本經（唐譯本），本名《無量壽如來會》，乃《大寶積經》中之一文，足證佛說《大寶積經》時亦宣說本經。有關本經佛多次宣說之考證，詳見於黃念祖著《佛說大乘無量壽清淨平等覺經解》頁 67—70，及淨空法師《佛說大乘無量壽清淨平等覺經講記》頁 32—36、624—641。

[400] 詳見台北華藏講堂印。1987。

說：「養人不止一穀，治病不止一藥，由有各法目，方顯此法門之妙，若止淨土一法，何以引彼一切機宜，同入佛法乎」？[401]大師之說，正解決了為何文殊要獨選「耳根」之由，這豈不就是要襯托出「念佛淨土」之殊勝嗎？清・行策大師又說：「諸聖自陳，各說第一，故寄推壓，巧示『密機』，若承敕正選時，一依前軌，何得成『密』？然但『聲塵、火大』，準歸常次。以此二門別意，助顯非『本』所歸重，故不更推出。至於勢至法門，仍順長行置『識大』後，為二十四門之『殿』，未始不遵也」。[402]

行策大師一語「一依前軌，何得成密」？頗耐人尋味。也就是如果「二十五聖圓通」的排法是照「順序」規矩，那麼「色塵圓通」應該排在第一，今卻移至第二，讓「聲塵圓通」居在最前；此正凸顯《楞嚴經》以「墮淫室」起教，阿難忽於「聞性」之機。講「五根圓通」時，則將「耳根」移至最後的二十五名，正要與排序第一的「聲塵圓通」作前後呼應！「念佛」的「根大」圓通本應為「第二十三」，卻又移至「二十四」，往前超彌勒菩薩，而緊追於觀音之後；此正凸顯其法門之「密」也；即「密」合《楞嚴經》「捨識用根」之旨。如果一開始就照順序將大勢至歸於「第二十三」，或將之歸於「第二十五」，那「一依前軌」將「何得成密」呢？又何得襯托出「念佛」法門之「勝」呢？

（11）除了上面諸家的看法外，印光大師則獨創「觀音 勢至」雙修之法，大師說：「《楞嚴》大勢云：『都攝六根，淨念相繼，得三摩地，斯為第一』，文殊選圓通偈謂『反聞聞自性，性成無上道』，今例之曰：『反念念自性，性成無上道』」。[403]「念性」雖「生滅、無常」，不妨用「聞性」的

---

[401] 見《印光法師文鈔三編・下冊》頁 913。答卓智立居士問。

[402] 《楞嚴經勢至圓通章解》，詳《卍續藏》第二十四冊頁 932 上。

[403] 見《印光法師文鈔・上冊》頁 86—87。復永嘉某居士書五。

「不生滅性」起修,這樣結合了「禪淨雙修」之理。大師又說:「如來欲令一切眾生,就路還家,故令二十五聖,各陳宿因,末世眾生,無論上中下根,皆當以勢至念佛法門,自利利人。『都攝六根,淨念相繼』,反念念自性,性成無上道」[404]。又說:「專修淨業,于一塵不染,心中持萬德洪名聖號,或聲或默,無雜無間,必使念起於心,聲入乎耳,字字分明,句句不亂,久之久之,自成片段,親證『念佛三昧』。自知西方宗風,是以觀音『反聞聞自性』之工夫,修勢至『都攝六根,淨念相繼』之淨業,即淨而禪,熟妙于是」[405]。又說:「念佛必須攝心,念從心起,聲從口出,皆須字字句句,分明了了,又須攝耳諦聽,字字句句,納於心中,耳根一攝,諸根無由外馳,庶可速至一心不亂。大勢至所謂『都攝六根,淨念相繼,得三摩地,斯為第一』者,即此是也。文殊所謂『反聞聞自性,性成無上道』者,亦即此是也,切不可謂『持名』一法淺近,捨之而修『觀像、觀想、實相』等法,夫四種念佛,唯『持名』最為契機」。[406]

「反念念自性,性成無上道」乃印光大師之獨創,大師認為「『返聞』單屬自力,『返念』兼有佛力,則為益大矣」![407]「返聞」之禪修的確是屬「自力」的內證參悟,而「返念」是以執持佛號的「他力」攝化。以「耳」攝聽佛號的修法,不但得「佛力」加被,亦兼修「內在」的「聞性」,故大師極力主張此法。《楞嚴經・卷四》曾舉鐘聲證明「聞性」是「不生不滅」的,[408]那「念佛」的「念性」亦應是「不生不滅」的。「反念念自性」就是所謂的

---

[404] 見《印光法師文鈔・上冊》頁158。復戚智周居士書二。

[405] 見《印光法師文鈔・上冊》頁119。與海鹽 顧母徐夫書。

[406] 見《印光法師文鈔・上冊》頁105。與徐福賢女士書。

[407] 見《印光法師文鈔三編上・卷二》頁324。復張曙蕉居士書八。

[408] 經文言:「聲銷無響,汝說無聞。若實無聞,聞性已滅,同於枯木。鐘聲更擊,汝云何知?查有知無,自是聲塵或無或有?豈彼聞性為汝有無,聞實云無,誰知無者?是故阿難!聲於聞中自有生滅,非為汝聞聲生聲滅。令汝聞性為有為無汝尚顛倒,惑聲為聞,何怪昏迷以常為斷。終不應言,離諸動靜閉塞開通,說聞無性」(詳《大

「理一心不亂」之境，了知「心即是佛、佛即是心」，能念心外，無有佛為我「所念」；所念佛外，無有心「能念」於佛。「能、所」雙亡，心佛無二，不住於「有念」，亦不住於「無念」；此即達觀音「所入既寂，動靜二相，了然不生」[409]之境。若言其「有念」，則「能念」之心，體性本空，「所念」之佛亦了不可得；若言其「無念」，則「能念」之心又是「靈靈不昧」，所念之佛亦是「歷歷分明」；此即達「無念而念，念即無念」，唯是一心，寂然不動，正如觀音的「生滅既滅，寂滅現前」[410]之境。大師的「反念念自性」功夫，的確可達「性成無上道」之功夫。

（12）印光大師除了結合觀音 勢至的修法外，還將餘二十四聖法全歸於「實相念佛」法，將大勢至一法歸於「持名念佛」法，如大師說：「《楞嚴》一經，實為『念實相佛』之最切要法，然又為『持名念佛』，決志求生極樂，無上大教！何以言之？最初『徵心辨見』，唯恐以妄為真，錯認消息，迨其悟後，則示以『陰、入、界、大』皆『如來藏妙真如性』，乃知法法頭頭，咸屬『實相』。既悟『實相』，則覓『陰、入、界、大』之相，了無可得，而亦不妨『陰、入、界、大』行布羅列。所示二十五圓通，除勢至圓通，正屬『持名』，兼餘三種念佛之外，餘者總為『念實相佛』法門。以致『七趣』因果，『四聖』階位，『五陰』魔境，無非顯示於『實相』理，順背迷悟之所以耳。如是『念實相佛』，說之似易，修之證之，實為難中之難。非再來大士，孰能即生親證？以此之難，固為『持名念佛』之一格量勸贊。了此而猶欲仗『自力』以斷惑證真，復本心性，不肯『生信發願』，執持佛號，求生西方者，無有是處」。[411]

正藏》第十九冊頁 124 上）。及「跋難陀龍，無耳而聽」(詳《大正藏》第十九冊頁 123 下）。。
[409] 《楞嚴經・卷六》，詳《大正藏》第十九冊頁 128 中。
[410] 《楞嚴經・卷六》，詳《大正藏》第十九冊頁 128 中。
[411] 《印光法師文鈔・上冊》頁 164—165。復吳希真居士書二。

「五陰、六入、十二處、十八界、七大」皆屬「實相」,「當處出生,隨處滅盡」[412]的「了不可得」;即「了不可得」,亦不妨「行布羅列」,這是「行布不礙圓融,圓融不礙行布」[413]、「離一切相,即一切法」的諸法實相。而「二十四聖」法法皆是「實相」,唯獨大勢念佛法能「即持名而實相」,就是能以「持名念佛」而「現前當來,必定見佛,入無生忍」,這也是唯一能「不假方便」而「自得心開」的無上妙法,所以印光大師將大勢歸於「持名念佛」,餘二十四聖歸於「實相念佛」是有道理的。大師又繼續說:「以『實相』偏一切法,『持名』一法,乃即事即理,即淺即深,即修即性,『即凡心而佛心』之一大法門也。于『持名』識其當體『實相』,則其益宏深。外『持名』而專修『實相』,萬中亦難得一二實證者……是知『實相』之理,不可不知。息心研究《楞嚴》,則凡聖因果迷悟修證之若事若理,明如觀火。而『自力』佛力,『持名、實相』之利益大小,亦明若觀火。固當若自若他,皆期以即『持名』而『實相』。決不致以好高務勝,離『持名』以修『實相』。致使徒有修心,而無證果也」[414]離開「持名念佛」而去修「實相」大法,恐非合末法眾生之根器,《彌陀要解》說得明白:「設不從事取捨,但尚『不取不捨』(指實相之理)。即執『理』廢事,既廢於事,『理』亦不圓。若達『全事即理』,則取亦即『理』,捨亦即『理』,一取一捨,無非法界」。[415]「執持名號」之「事修」乃是「即持名而實相」之不可思議妙法,不可不知!

若果真「深信」淨土法門,縱使佛在《楞嚴經》獨貶勢至,亦不影

[412] 詳《大正藏》第十九冊頁 114 上。
[413] 以上二句詳見唐‧澄觀撰《大方廣佛華嚴經疏‧卷一》。《大正藏》第三十五冊頁504 中。
[414] 詳《印光法師文鈔‧上冊》頁 164—165。復吳希真居士書二。
[415] 詳《大正藏》第三十七冊頁 364 下。

響「念佛法門」在一切法門中的殊勝地位，此乃因千經萬論、三世諸佛同共宣揚淨土法門之故。況佛於《楞嚴經》中仍「暗選」勢至，而非獨貶勢至。二十五圓通，「七大」照順序應先起於「地大」，而卻以「火大」為先，以多淫召火，這是合於本經以「墮淫室」為起教因緣，所以警示「多聞人」應先除「欲漏」。而「七大」本應終於彌勒菩薩的「識大」，今卻改終於大勢至的「根大」；即本應在「第二十三位」的大勢至「根大」，今卻在「第二十四位」，此正顯「大勢至菩薩念佛圓通章」，微妙甚深，合於《楞嚴經》「捨識用根」之旨；[416]與「第二十五」的觀音大士「耳根」圓通不相上下。故大勢至「根大」已由原本的「第二十三」位超前為「第二十四位」矣。且文殊揀「耳根」乃為阿難之機、為了「此方真教體」之機，為「利根」行人方能修習相應，與「鈍根者」相應甚少。而勢至念佛所攝之機，乃「利鈍全收、三根普被」，遠比觀音較為殊勝。所以不只文殊、觀音，連與大勢菩薩「同倫」之「五十二菩薩」亦皆「念佛」歸淨土，這是「會禪歸淨」之鐵證！

　　最後筆者要附上對淨土的「四則問難」以解眾惑：

　　明‧元賢禪師曾撰有一部《淨慈要語》，他是一位重視淨上法門的禪師，因此有人曾以「禪宗」的立場提出四點詰難：

一、心量本周，渺無邊際。今峕念「一(佛)剎」以自局，則偏而弗圓。

二、(《金剛經》云)凡所有相，皆是虛妄。今貪影響之「外境」以為淨，
　　則幻而非實。

三、「厭」穢「欣」淨，則「分別之見」不忘。

---

[416] 行策大師說：「今乃於七大中暗壓『根大』為重將，而此『根大』正屬念佛法門，既不違他經廣讚歎之宗，仍不乖此經用『根』之義，可謂至巧亦至密矣」。見《楞嚴經勢至圓通章解》，詳《卍續藏》第二十四冊頁930下。

四、「捨」己「從」他，則「狂走之情」未歇。

元賢大師的解答是：

一、所謂「心量本周」者，本體也。岦念「一佛」者，工夫也。執本
體而疑工夫。又奚獨「念佛」者之為「偏」而弗「圓」哉！

二、所謂「凡所有相，皆是虛妄者」。「空宗」破相之談，獨不思有所
謂「一色、一香，無非中道」者乎？

三、所謂厭穢欣淨，「分別」未忘者。固矣不知「淨穢」雙泯者，(功夫)
「到家」之事也。「分別」未忘者，「路途」之事也。今責「窮途客
子」而曰；何不享「在家之樂」，不亦悖乎？

四、所謂「捨」己「從」他者，謂彼我橫分，而向外馳逐，則誠謬矣！
今念佛一門，以心念佛，全佛是心，以佛攝心，即心是佛，原
無內外之分，烏有「捨、從」之異哉？

（以上資料詳見於《永覺元賢禪師廣·卷十三》，《卍續藏》第一二五冊頁 551 上
—下）。

禪宗所講究的是「死偷心」，[417]「不將心求悟」，[418]亦「不將心待悟」，
[419]才是正確用工的方法。而念佛的目的乃為求生西方，雖說「以心念佛，
全佛是心」，[420]「理」雖可通，而事實上在初「下手」時仍有「捨從」之情，

---

[417] 語出《續傳燈錄·卷二十二》云：「今之學者未脫生死，病在甚麼處？病在『偷心
未死』耳」。詳《大正藏》第五十一冊頁 613 下。

[418] 語出明·蓮池大師集《皇明名僧輯略》云：「阿彌陀佛不越自心。雖然如是，若乃
『將心求悟』，反成障礙，佛性是自然之物」。詳 CBETA, X84, no. 1581, p. 363, b //
Z 2B:17, p. 207, a // R144, p. 413, a。

[419] 語出《大慧普覺禪師語錄》卷 26 云：「但只如此參，亦不得『將心待悟』待休歇。
若『將心待悟』待休歇，則轉沒交涉矣」。詳《大正藏》第四十七冊頁 923 下。

[420] 以上二句話引自《永覺元賢禪師廣錄·卷十三》。詳《卍續藏》第七十二冊頁 460

這就看個人功夫深淺而定，誠如虛雲老和尚說的：「法法本來可以互相，圓融無礙的，譬如『念佛』到一心不亂，何嘗不是『參禪』？『參禪』參到『能所雙忘』，又何嘗不是『念實相佛』。禪者，淨中之禪；淨者，禪中之淨。禪與淨本相輔而行」。[421]又說：「禪宗雖一超直入，非上根利智不能修。末法眾生，障深慧淺，惟依『持名念佛』法門得了生死，往生極樂國土。初入手與禪是『二』，及其成功，『二』而『不二』……由『事一心』而至『理一心』，『能、所』兩忘，自他不二，與參禪有何差別？故經云：若人但念阿彌陀，是為無上深妙禪」。[422]

（五）　統攝萬法

「持名念佛」及「念佛三昧」可統攝「萬法」，這在經論中說得非常多，如《大集念佛三昧經》中云：「當知如是『念佛三昧』，則為總攝一切諸法」。[423]明・蕅益大師云：「若人但念彌陀佛，是名無上深妙禪」。[424]如明・空谷大師云：「不參念佛是誰，直爾純一念去，亦有悟日」。[425]明・蓮池大師更說：「眾生學佛，亦有無量行法，今但『持名』一法，足以該之。以『持名』即是持此『一心』，心該百行，四諦六度，乃至八萬四千恆沙微塵一切行門，攝無不盡」。[426]

這節將引用「藏經資料」及「歷代祖師」的開示來作說明，整理如下

中。

[421] 詳《虛雲老和尚年譜法彙增訂本》頁 626。
[422] 詳《虛雲老和尚年譜法彙增訂本》頁 232。
[423] 詳《大正藏》第十三冊頁 857 下。
[424] 詳《蕅益大師全集(十七)・靈峰宗論・卷六之四》頁 11205。
[425] 詳《卍續藏》第三十三冊頁 450 下
[426] 語出《阿彌陀經疏鈔・卷一》，詳《卍續藏》第三十三冊頁 334 上。

所示：

　　明·蓮池大師云：
　　一心念佛，萬緣自捨，即布施波羅密。
　　一心念佛，諸惡自止，即持戒波羅密。
　　一心念佛，心自柔軟，即忍辱波羅密。
　　一心念佛，永不退墮，即精進波羅密。
　　一心念佛，餘想不生，即禪定波羅密。
　　一心念佛，正念分明，即般若波羅密。
　　推而極之，不出一心，萬行具足。[427]

　　蕅益大師之《念佛警策·卷二》云：

　　念得阿彌陀佛熟，三藏十二部，極則教理，都在裏許。千七百公案，
　　向上機關，亦在裏許。三千威儀八萬細行，三聚淨戒，亦在裏許。
　　真能念佛，放下身心世界，即大布施。
　　真能念佛，不復起貪瞋癡，即大持戒。
　　真能念佛，不計是非人我，即大忍辱。
　　真能念佛，不稍間斷夾雜，即大精進。
　　真能念佛，不復妄想馳逐，即大禪定。
　　真能念佛，不為他歧所惑，即大智慧試自簡點。」[428]

底下內容皆詳載於清·續法大師集之《楞嚴經勢至圓通章疏鈔·卷二》
（詳《卍續藏》第二十四冊頁 925 下—927 下）。筆者以此內容製表如下：

---

[427] 詳《彌陀疏鈔·卷一》，詳《卍續藏》第三十三冊頁 341 下。
[428] 詳《卍續藏》第六十二冊頁 326 中。

十
法
界

> 為五欲故，發心念佛，地獄界也。
> 為名利故，發心念佛，餓鬼界也。
> 為眷屬故，發心念佛，畜生界也。
> 為勝他故，發心念佛，修羅界也。
> 畏惡道故，發心念佛，人法界也。
> 求天樂故，發心念佛，天法界也。
> 欣涅樂故，發心念佛，聲聞界也。
> 慕無生故，發心念佛，緣覺界也。
> 欲度他故，發心念佛，菩薩界也。
> 希成佛故，發心念佛，佛法界也。

七
大

> 堅心念佛，地大也。
> 喜心念佛，水大也。
> 熱心念佛，火大也。
> 勤心念佛，風大也。
> 虛心念佛，空大也。
> 靈心念佛，根大也。
> 想心念佛，識大也。

六
根

> 念佛旋見，眼根也。
> 念佛反聞，耳根也。
> 念佛轉嗅，鼻根也。
> 念佛還嘗，舌根也。
> 念佛攝覺，身根也。
> 念佛逆知，意根也。

六塵
念佛觀像，色塵也。
念佛聽名，聲塵也。
念佛染香，香塵也。
念佛有味，味塵也。
念佛光嚴，觸塵也。
念佛觀想，法塵也。

六識
眼不別色，眼識念佛也。
耳不別聲，耳識念佛也。
鼻不別香，鼻識念佛也。
舌不別味，舌識念佛也。
身不別觸，身識念佛也。
意不別法，意識念佛也。

四諦
怖生死苦，苦諦念佛也。
息諸惑業，集諦念佛也。
修戒定慧，道諦念佛也。
證寂滅理，滅諦念佛也。

<table>
<tr><td rowspan="12">十
二
因
緣</td><td>煩惱不生，無明緣念佛也。</td></tr>
<tr><td>不作諸業，行緣念佛也。</td></tr>
<tr><td>不託母胎，識緣念佛也。</td></tr>
<tr><td>色心斷滅，名色緣念佛也。</td></tr>
<tr><td>諸根灰泯，六入緣念佛也。</td></tr>
<tr><td>根塵識離，觸緣念佛也。</td></tr>
<tr><td>不領前境，受緣念佛也。</td></tr>
<tr><td>不貪財色，愛緣念佛也。</td></tr>
<tr><td>不求塵欲，取緣念佛也。</td></tr>
<tr><td>業無有成，有緣念佛也。</td></tr>
<tr><td>不受後陰，生緣念佛也。</td></tr>
<tr><td>空無熟壞，老死緣念佛也。</td></tr>
<tr><td rowspan="6">六
度</td><td>一心念佛，萬緣自捨，施度也。</td></tr>
<tr><td>一心念佛，諸惡自止，戒度也。</td></tr>
<tr><td>一心念佛，心自柔順，忍度也。</td></tr>
<tr><td>一心念佛，永不退轉，進度也。</td></tr>
<tr><td>一心念佛，餘想不生，禪度也。</td></tr>
<tr><td>一心念佛，正智分明，智度也。</td></tr>
<tr><td rowspan="2">二
德</td><td>一心念佛，成正偏知，菩提也。</td></tr>
<tr><td>一心念佛，常樂我淨，涅槃也。</td></tr>
</table>

如來藏
- 寂靜念佛，空如來藏也。
- 想像念佛，不空如來藏也。
- 圓通念佛，空不空如來藏也。

五時
- 一心念佛，萬緣自捨，施度也。日出念佛，先照時也。
- 一心念佛，萬緣自捨，施度也。食時念佛，轉照初也。
- 一心念佛，心自柔順，忍度也。亭午念佛，轉照中也。
- 一心念佛，永不退轉，進度也。晡時念佛，轉照後也。
- 一心念佛，餘想不生，禪度也。日沒念佛，還照時也。

五教
- 念心外佛，小教也。
- 念心內佛，始教也。
- 念即心佛，終教也。
- 念非心佛，頓教也。
- 念普融佛，圓教也。

四法界
- 有佛有心，淨念相繼，事法界也。
- 無佛無心，不假方便，理法界也。
- 念佛念心，入無生忍，事理無礙法界也。
- 若佛若心，遍含無盡，事事無礙法界也。

六
相
　　一念佛門，含無盡義，總相也。
　　四五義門，非一念佛，別相也。
　　十六觀等，同成念佛，同相也。
　　依報清淨，非正莊嚴，異相也。
　　念佛一門，攬諸義成，成相也。
　　四種五種，各住自位，壞相也。

十玄門

依正功德，念佛便周，同時具足相應門也。
遍周諸法，不離念佛，廣狹自在無礙門也。
一根念佛，六根都攝，一多相容不同門也。
念佛三昧，即一切法，諸法相即自在門也。
正念佛時，餘門不現，秘密隱顯俱成門也。
此念佛門，一切齊攝，微細相容安立門也。
五種念佛，互攝重重，因陀羅網境界門也。
見念佛門，即見無盡，託事顯法生解門也。
前後念佛，不異當念，十世隔法異成門也。
念佛一法，帶無盡法，主伴圓明具德門也。

三覺

念自心佛，本覺也。
念佛信心，始覺中名字也。
念佛解心，始覺中相似也。
念佛證心，始覺中分證也。
念佛成佛，究竟覺也。

三身

當念佛時，寂寞無為，法身佛也。
當念佛時，無德不具，報身佛也。
當念佛時，凡聖並欣，化身佛也。

故知念佛一法，攝盡一切法矣。

第四章　結論

　　這本專書內容初看會覺得雜亂無章，一下說「念性」是「生滅」，一下又說「念性」是「不生不滅」；或說「禪淨雙修」，或又修「會禪歸淨」；或說「耳根」最勝，或又說「根大」最勝；或例舉諸家之見，熟為定論？……等，到底熟是熟非？其實《楞嚴》一經開始就叫你找心，找了七次都不見，繼而又告訴你心「不在內、外、中間」，又說以「生滅心」修行不能得「不生不滅」之佛果，要以「不生不滅」之「真心」去修；然而「真心」又找不到。最後又告訴你「真心」是「無在、無不在」的，「真心」是「在」、亦「無是在」，又告訴你：「但有言說，都無實義」，弄得人「心」不知所措！其實這就是《楞嚴經》最殊勝奧妙之處，它的經眼是──「空如來藏」，說明佛法的「第一中道義」思想──即一切法，離一切相；「離即離非，是即非即²──。

　　大勢至菩薩「念佛圓章」雖字數簡單，卻仍不離《楞嚴經》的整個最高哲學架構，經言「我無選擇，都攝六根」八字正是大勢至菩薩的最高念佛哲學，也是二十五聖門中第一最勝之法。因為「我無選擇」正如「七番破妄心」一樣，若說出「心」之所在處，即非「真心」。大勢至的「我無選擇」正是如此，代表此法不屬「五根、六塵、六識」等餘二十四法，即「雙非」。³而下句「都攝六根」又如《楞嚴經》說的「四科七大」乃「清淨本然，

1　見《楞嚴經‧卷八》，詳《大正藏》第十九冊頁142下。
2　蕅益大師云：「離即離非，是即非即，當知此是大佛頂法之極證也」。見《楞嚴經玄義‧卷上》，詳《卍續藏》第二○冊頁395下─396上。
3　「雙非雙是」的字辭引用唐‧澄觀大師之《大方廣佛華嚴經隨疏演義鈔‧卷一》，詳《大正藏》第三十六冊頁8中。

周遍法界」，代表此法不只都攝「六根」、亦都攝「四科七大」，無所不攝，即「雙是」。一切「俱非」，一切「俱是」；[4]全非而即，全即而非；[5]全是而即，全即而是。所以大勢至菩薩的「無選擇」及「不假方便」正暗示他才是第一名，若「有所選」的話；則歸於「生滅、有為」之漏法。而「無選」並不是他不修不證，他仍然藉「持名念佛」而達「都攝六根」，繼而「淨念相繼」而念，終必達「見佛」入「無生忍」。這樣的修持法，正代表「理」（我無選擇）與「事」（都攝六根念佛）雙兼，即事即理，即理即事；全性起修，全修在性[6]的「圓滿、圓通、圓頓」最勝大法，不歸大勢至菩薩歸誰乎？

印光大師說：「專持佛號，果能『都攝六根，淨念相繼』，自然現生親證『念佛三昧』，臨終往生上品，縱未能親證三昧，亦得以高預海會，長侍彌陀，由是親證『無生』，復本心性，無邊教海，皆悉了知」。[7]清‧彭際清述《阿彌陀經約論》也說：「念念念佛，無念不佛，乃至『離即離非』，頓見真如寂滅場地，是名正信，亦名淨信，亦名具足信」。[8]以上兩段都是「持名念佛」的最佳開示，願讀者善會之！

大勢至的「我無選擇」句正合《楞嚴經》卷四佛云：「非一終六，非六終一。終不汝根，元一元六。當知是根，非一非六」。[9]大勢至菩薩沒有選擇從那一根入門，所以是「非一非六」。下一句「都攝六根」又合《楞

---

[4] 「一切俱非，一切俱是」的字辭引用明‧智旭解 達默造鈔之《阿彌陀經要解便蒙鈔‧卷三》。詳《卍續藏》第二十二冊頁 863 上。

[5] 「全非而即，全即而非」的字辭引自交光大師《楞嚴經正脉疏‧卷四》。詳《卍續藏》第十二冊頁 296 下。

[6] 「全性起修，全修在性」的字辭引自元‧惟則會解 傳燈疏《楞嚴經圓通疏》卷 1。詳《卍續藏》第十二冊頁 695 下。

[7] 《印光法師文鈔‧上冊》頁 101。與徐福賢女書。

[8] 詳《卍續藏》第二十二冊頁 910 下。

[9] 詳《大正藏》第十九冊頁 123 上。

嚴經》卷五之佛言:「無上菩提,令汝登安樂解脫,寂靜妙常,亦汝六根,更非他物」。[10]「六根」仍然是生死輪迴與解脫涅槃的根本,所以又「是一是六」。[11]短短的「我無選擇,都攝六根」八字正隱含著佛法最高深的第一中道義哲學──「即一切法、離一切相」[12]。「雙遮雙照、雙是雙非」[13]。「離即離非、是即非即」[14]──,如下表所示:

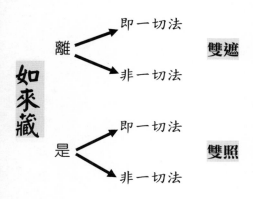

<hr />

[10] 詳《大正藏》第十九冊頁 124 下。
[11] 宋·懷遠錄之《楞嚴經義疏釋要鈔·卷五》云:「不當『是一是六』,而亦『能一能六』,寂照同時」。詳《卍續藏》第十一冊頁 139 下。
[12] 詳《大正藏》第十九冊頁 142 下。
[13] 此為天台學家常用之術語。如蕅益大師于《楞嚴經玄義·卷上》云:「於十法界中,若染若淨,若實若名,若依若正,隨拈一法,即是全體如來藏心,即復俱非俱即,『雙遮雙照』,稱稱圓融,不可思議」。見《楞嚴經玄義·卷上》,詳《卍續藏》第二〇冊頁 396 上。
[14] 此二句出自《楞嚴經·卷四》。詳《大正藏》第十九冊頁 121 上。

參考文獻

一、《楞嚴經》部份

（佛典內容皆引自 CBETA 電子佛典集成 April 2011 中所檢索）

1.　宋・長水 子璿大師述《楞嚴經義疏注經科》一卷。《卍續藏》第十六冊。

2.　宋・長水 子璿大師集《楞嚴義疏注經》二十卷。《大正藏》第三十九冊。

3.　宋・長水 懷遠大師錄《楞嚴經義疏釋要鈔》六卷。《卍續藏》第十六冊。

4.　宋・桐州 思(懷)坦大師集註《楞嚴經集註》十卷。《卍續藏》第十七冊。

5.　宋・吳興 仁岳大師述《楞嚴經熏聞記》五卷。《卍續藏》第十七冊。

6.　宋・溫陵 戒環大師解《楞嚴經要解》二十卷。《卍續藏》第十七冊。

7.　宋・宗印大師述《楞嚴經釋題》一卷。《卍續藏》第十七冊。

8.　宋・筠溪 德洪大師造論・東吳 雷庵 正受大師會合《楞嚴經合論》十卷。《卍續藏》第十八冊。

9.　宋・惟愨大師科、可度大師箋《楞嚴經箋》二十卷。《卍續藏》第八十八冊至八十九冊。

10.　宋・淨源大師編述《首楞嚴壇場修證儀》一卷。《卍續藏》第九十五冊。

11.　元・師子林 惟則大師解《楞嚴經會解》二十卷。《佛教藏》第六十四冊。

12.　明・真鑑大師作《楞嚴經正脈疏科》一卷。《卍續藏》第十八冊。

13.　明・真鑑大師述《楞嚴經正脈疏懸示》一卷。《卍續藏》第十八冊。

14.　明・真鑑大師述《楞嚴經正脈疏》十卷。《卍續藏》第十八冊。

15. 明·袾宏大師述《楞嚴經摸象記》一卷。《卍續藏》第十九冊。

16. 明·德清大師述《楞嚴經懸境》一卷。《卍續藏》第十九冊。

17. 明·德清大師排定《楞嚴經通議提綱略科》一卷。《卍續藏》第十九冊。

18. 明·德清大師述《楞嚴經通議》十卷附補遺一卷。《卍續藏》第十九冊。

19. 明·圓澄大師註《楞嚴經臆說》一卷。《卍續藏》第十九冊。

20. 元·惟則大師會解、明·幽溪 傳燈大師疏《楞嚴經圓通疏》十卷。《卍續藏》第十九冊。

21. 明·幽溪 傳燈大師述《楞嚴經玄義》四卷。《卍續藏》第二十冊。

22. 明·天台 一松大師說、門人天台 靈述大師記《楞嚴經祕錄》十卷。《卍續藏》第二十冊。

23. 明·智旭大師撰述、道昉大師參訂《楞嚴經玄義》二卷。《卍續藏》第二十冊。

24. 明·智旭大師撰述、道昉大師參訂《楞嚴經文句》十卷。《卍續藏》第二十冊。

25. 明·紫柏大師撰《釋楞嚴經》。錄於《紫柏尊者全集·卷十一》,《卍續藏》第一二六冊。

26. 明·鍾惺（竟陵 鍾伯敬居士和永新 賀中男居士）撰《楞嚴經如說》十卷。《卍續藏》第二十冊至二十一冊。

27. 明·海印弟子錢謙益鈔《楞嚴經疏解蒙鈔》二十八卷。《卍續藏》第二十一冊。

28. 明·海印弟子錢謙益鈔《楞嚴經疏解蒙鈔五錄》八卷。《卍續藏》第二十一冊。

29. 明·凌弘憲點釋《楞嚴經證疏廣解》十卷。《卍續藏》第二十二冊。

30. 明·二楞 一雨 通潤大師述《楞嚴經合轍》十卷。《卍續藏》第二十二冊。

31. 明・丹霞 天然大師疏《楞嚴經直指》十卷。《卍續藏》第二十二冊。

32. 明・大韶大師撰《楞嚴經擊節》一卷。《卍續藏》第二十二冊。

33. 明・觀衡大師撰《楞嚴經懸談》一卷。《卍續藏》第二十二冊。

34. 明・鼓山 元賢大師述《楞嚴經略疏》十卷。《卍續藏》第二十三冊。

35. 明・正相大師解《楞嚴經勢至圓通章科解》一卷。《卍續藏》第二十四冊。

36. 明・南岳 曾鳳儀撰《楞嚴經宗通》十卷。《卍續藏》第二十五冊。

37. 明・陸西星述《楞嚴經說約》一卷。《卍續藏》第八十九冊。

38. 明・陸西星述《楞嚴經述旨》十卷。《卍續藏》第八十九冊。

39. 明・天台 傳如大師（即戒山大師）述《楞嚴經截流》二卷。《卍續藏》第八十九冊。

40. 明・幽溪 傳燈大師述《楞嚴經圓通疏前茅》二卷。《卍續藏》第八十九冊。

41. 明・廣莫大師解《楞嚴經直解》十卷。《卍續藏》第八十九冊。

42. 明・柴紫 乘旹大師述《楞嚴經講錄》十卷。《卍續藏》第八十九冊至九十冊。

43. 明・檇李 真界（即幻居大師）大師纂註《楞嚴經纂註》十卷。《卍續藏》第九十冊。

44. 明・焦竑太史纂《楞嚴經精解評林》三卷。《卍續藏》第九十冊。

45. 明・禪修大師述《依楞嚴究竟事懺》二卷。《卍續藏》第一二九冊。

46. 清・諦閑大師述《楞嚴經序指味疏》一卷。《卍續藏》第九十冊。

47. 清・雲南 法界寺 溥畹大師撰《楞嚴經寶鏡疏科文》一卷。《卍續藏》第九十冊。

48. 清・雲南 法界寺 溥畹大師撰《楞嚴經寶鏡疏懸談》一卷。《卍續藏》第九十冊。

49. 清・雲南 法界寺 溥畹大師撰《楞嚴經寶鏡疏》十卷。《卍續藏》第九十冊。

50. 清・濟時大師述《楞嚴經正見》十卷。《卍續藏》第九十一冊。

51. 清・巴郡 劉道開纂述《楞嚴經貫攝》（亦名《楞嚴經說通》）十卷。《卍續藏》第二十三冊。

52. 清・萬壽 悢亭 淨挺大師著《楞嚴經答問》一卷。《卍續藏》第五十九冊。

53. 清・天台 靈耀大師述《楞嚴經觀心定解科》一卷。《卍續藏》第二十三冊。

54. 清・天台 靈耀大師述《楞嚴經觀心定解大綱》一卷。《卍續藏》第二十三冊。

55. 清・天台 靈耀大師述《楞嚴經觀心定解》十卷。《卍續藏》第二十三冊至二十四冊。

56. 清・達天 通理大師述《楞嚴經指掌疏懸示》一卷。《卍續藏》第二十四冊。

57. 清・達天 通理大師述《楞嚴經指掌疏》十卷。《卍續藏》第二十四冊。

58. 清・達天 通理大師述《楞嚴經指掌疏事義》一卷。《卍續藏》第二十四冊。

59. 清・慈雲 續法大師集《楞嚴經勢至圓通章疏鈔》二卷。《卍續藏》第二十四冊。

60. 清・虞山 行策大師撰《楞嚴經勢至圓通章解》一卷。《卍續藏》第二十四冊。

61. 民國・李圓淨講《楞嚴經指要》二篇。《佛教藏》第一二一冊。

62. 民國・守培大師述《楞嚴經妙心疏》十卷。《佛教藏》第一二一冊。

63. 明・智旭大師之《阿彌陀經要解》。詳《大正藏》第三十七冊。

二、淨土部份

（佛典內容皆引自 CBETA 電子佛典集成 April 2011 中所檢索）

1. 《佛說無量壽經》。《大正藏》第十二冊。
2. 《佛說無量清淨平等覺經》。《大正藏》第十二冊。
3. 《佛說阿彌陀經》。《大正藏》第十二冊。
4. 《佛說觀無量壽佛經》。《大正藏》第十二冊。
5. 元・普度編《盧山蓮宗寶鑑》。《大正藏》第四十七冊。
6. 《禪宗永嘉集》。《大正藏》第四十八冊。
7. 蓮池大師《阿彌陀經疏鈔續問答》。《卍續藏》第三十三冊。
8. 元・天如則《淨土或問》。《大正藏》第四十七冊。
9. 清・妙空子撰《蓮邦消息》。《卍續藏》第六十二冊。
10. 《夢東禪師遺集卷上》。《卍續藏》第一○九冊。
11. 智顗大師之《五方便念佛門》。《大正藏》第四十七冊。
12. 唐・澄觀大師《大方廣佛華嚴經疏》。《大正藏》第三十五冊。
13. 宗密《華嚴經行願品別行疏鈔》。《卍續藏》第七冊。
14. 《楞嚴經勢至圓通章解》。《卍續藏》第二十四冊。
15. 唐・澄觀別行疏 宗密隨疏之《華嚴經行願品疏鈔》。《卍續藏》第五冊。

近代著作

1. 民國・青山 顯慈大師述《楞嚴經易解疏》。香港陳湘記書局。1975、1。
2. 悟慈大師述《楞嚴經講話》五冊。台南開元寺佛經流通處印。82。
3. 白聖大師編・慧律法師校訂《楞嚴經表解》。高雄文殊講堂印。81、3。（重校）
4. 圓淨 李榮祥述《楞嚴經指要科會表解合刊》。臺中佛教蓮社。79、3。
5. 唐一玄編述《大佛頂首楞嚴經自課》。高雄菜根香文教基金會。1993。
6. 唐一玄編述《大佛頂首楞嚴經概介》。高雄菜根香文教基金會。1993。

7.　守培大師《大佛頂首楞嚴經妙心疏》。台北佛陀教育出版社。1993。
　　（新刷）

8.　圓瑛大師著《楞嚴經綱要》。台北市大乘精舍印經會。1993。

9.　圓瑛大師著《大佛頂首楞嚴經講義》。台北大乘精舍印。85、9。（新
　　刷）

10.　《蕅益大師全集》。台北佛教書局印。78、2。

11.　《藕益大師淨土集》。台中蓮社印。81、11。

12.　知定大師《虛雲老和尚略史》。高雄裕隆佛經流通處印。82、5。

13.　《夢東禪師遺集》。台中蓮社印。1988。

14.　淨空法師《佛說大乘無量壽清淨平等覺經講記》。台北華藏講堂印。
　　1996。

15.　《印光法師文鈔全集》（全九冊）。南投蓮因寺印行。82、4。

16.　黃念祖《佛說大乘無量莊嚴清淨平等覺經解》。台北佛陀教育基金
　　會印。81、2。

17.　釋大寂《淨土探究》上下冊。台北大乘經社印。80、10。

18.　律航法師著《百日念佛自知錄》。台中南普陀寺印。84、9。

19.　律航法師著《念佛入門白話解》。台中南普陀寺印。84、9。

20.　毛凌雲《楞嚴經大勢至菩薩念佛圓通章今譯淺解》。台北大乘精舍
　　印。85、11。

21.　《本願唸佛講話》，本願山彌陀淨舍，2000 年 8 月。

22.　願賦《阿彌陀經心得記·第三集》，蓮華精舍，2002 年 3 月七版。

23.　《蓮池大師全集》。台中蓮社出版。81、11。

24.　《廣欽老和尚事蹟續編》。台北承天禪寺編印。83、3。

25.　《廣公上人事蹟初編》及《續編》。台北承天禪寺編印。83、3。

26.　《廣欽老和尚開示法語錄》。妙通寺編著。台北圓明出版社印。84、
　　2。

27.　律航法師著《念佛入門白話解及百日念佛自知錄》。台北福峰印刷

公司印。81、12。

28. 黃念祖著《佛說大乘無量莊嚴清淨平等覺經解》。台北佛陀教育基金會印。81、2。

29. 陳健民《淨土五經資料全集》。台北：圓明出版社出版。

30. 愍生大師《辨破楞嚴百偽》。香港佛教青年協會。1994、12。

31. 《虛雲老和尚年譜法彙增訂本》。高雄淨宗學會印。83、7。

32. 《印光法師文鈔全集》(精裝九冊)。台北佛陀佛教基金會印贈。1997、11。

三、念佛圓通章部份

1. 黃陳琦華筆記《大勢至菩薩念佛圓通章聽聞記》。高雄千佛山講堂。1982。

2. 陳季菁《大力大勢至菩薩造型解說》。文殊雜誌 12 期頁 6。1987、02。

3. 《大力大勢至菩薩簡介》。文殊雜誌 12 期頁 7。1987、02。

4. 毛昌蒸《大勢至菩薩念佛圓通章》的語評和闡釋。廣東佛教。1992、6。出自王雷泉編《中國大陸宗教文章索引》。

5. 釋續法《大勢至菩薩念佛圓通章疏鈔》。台北佛陀教育基金會。1989。

6. 佛日《大勢至圓通章釋義》。1992、11。出自王雷泉編《中國大陸宗教文章索引》。

7. 周那著《念佛俗講・大勢至菩薩念佛圓通章》。台北市千華出版社。1986。

8. 王隆智《都攝六根淨念相繼　讀大勢至菩薩念佛圓通章》。廣東佛教。1991、2。出自王雷泉編《中國大陸宗教文章索引》。

9. 蘇用煮《楞嚴經・大勢至菩薩念佛圓通章》今譯。台州佛教。1992、8。出自王雷泉編《中國大陸宗教文章索引》。

10. 毛凌雲《楞嚴經大勢至菩薩念佛圓通章今譯淺解》。台北大乘精舍

印。85、11。

11. 靜權大師講述《大勢至菩薩念佛圓通章講義》。台北佛陀教育基金
   會印。79。或《佛教藏》第 124 冊。

12. 蘇用鬳今譯《楞嚴經‧大勢至菩薩念佛圓通章》。台州佛教 1992、
   8。出自王雷泉編《中國大陸宗教文章索引》。

13. 林中治講《楞嚴經之觀音法門》。台北大圓出版社。87、11。

四、錄音帶演講系列

1. 宣化上人《大勢至念佛圓通章》。4 卷。台北法界印經會。（國語）。

2. 淨心法師《大勢至念佛圓通章》。6 卷。台北梵音出版。（台語）。

3. 悟宗法師《大勢至念佛圓通章》。6 卷。台北一心圓出版。（台語）。

4. 懺雲法師《大勢至念佛圓通章》。2 卷。蓮音學院。文殊院佛學圖書
   館。（國語）。

5. 淨空法師《大勢至念佛圓通章》。6 卷。台北梵音出版。（國語）

6. 淨空法師《大勢至念佛圓通章研習報告》。10 卷。台北梵音出版。
   （國語）

7. 淨空法師《勢至圓通疏鈔菁華》。5 卷。台北一心圓出版。（國語）

8. 淨空法師《大勢至念佛圓通章疏鈔》。28 卷。台北梵音出版。（國語）

9. 法藏法師《大勢至念佛圓通章》。8 卷。高雄諦聽文化出版。（台語）

10. 慧律法師《大勢至念佛圓通章》。12 卷。台北梵音出版。（台語）

11. 智海法師《念佛圓通章集解（一）、（二）》。20 卷。台北一心圓出版。
   （國語）

果濱其餘著作一覽表

一、《大佛頂首楞嚴王神咒‧分類整理》(國語)。1996 年 8 月。大乘精舍印經會發行。➜書籍編號 C-202。

二、《生死關初篇》。1996 年 9 月。大乘精舍印經會發行。
➜書籍編號 C-207。

三、《雞蛋葷素說》。1998 年。大乘精舍印經會發行。
➜ISBN：957-8389-12-4。

四、《生死關全集》。1998 年。和裕出版社發行。
➜ISBN：957-8921-51-9。

五、《大悲神咒集解(附千句大悲咒文)》。2002 年 9 月。臺南噶瑪噶居法輪中心貢噶寺發行。新鳴遠出版有限公司製作。
➜ISBN：957-28070-0-5。

六、《唐密三大咒修持法要全集》。2006 年 8 月。新鳴遠出版有限公司發行。➜ISBN：978-957-8206-28-1。

七、2007 年 8 月出版的《穢跡金剛法全集》。新鳴遠出版有限公司發行。
➜ISBN：978-957-8206-31-1。

八、《楞嚴經聖賢錄》(上下冊)。2007 年 8 月及 2012 年 8 月。萬卷樓圖書股份有限公司發行。
➜ISBN：978-957-739-601-3(上冊)。ISBN 978-957-739-765-2(下冊)。

九、《《楞嚴經》傳譯及其真偽辯證之研究》。2009 年 8 月。萬卷樓圖書股份有限公司發行。➜ISBN：978-957-739-659-4。

十、《果濱學術論文集(一)》。2010 年 9 月。萬卷樓圖書股份有限公司發行。➜ISBN：978-957-739-688-4。

十一、《淨土聖賢錄‧五編(合訂版)》。2011 年 7 月初版。萬卷樓圖書股份有限公司發行。➜ISBN：978-957-739-714-0。

十二、《漢譯《法華經》三種譯本比對暨研究(全彩版)》。2013 年 9 月初版。萬卷樓圖書股份有限公司發行。→ISBN：978-957-739-816-1。

十三、《漢傳佛典「中陰身」之研究》。2014 年 2 月初版。萬卷樓圖書股份有限公司發行。→ISBN：978-957-739-851-2。

十四、《《華嚴經》與哲學科學會通之研究》。2014 年 2 月初版。萬卷樓圖書股份有限公司發行。→ISBN：978-957-739-852-9。

十五、《《楞嚴經》大勢至菩薩「念佛圓通章」釋疑之研究》。2014 年 2 月初版。萬卷樓圖書股份有限公司發行。

→ISBN：978-957-739-857-4。

✠ 大乘精舍印經會。地址：臺北市漢口街一段 132 號 6 樓。電話：(02)23145010、23118580

✠ 和裕出版社。地址：臺南市海佃路二段 636 巷 5 號。電話：(06)2454023

✠ 萬卷樓圖書股份有限公司。地址：臺北市羅斯福路二段 41 號 6 樓之 3。電話：(02)23216565‧23952992

果濱佛學專長

一、漢傳佛典生老病學。二、漢傳佛典死亡學。三、悉曇梵咒學。**四、**楞伽學。**五、**維摩學。**六、**般若學(《金剛經》+《大般若經》+《文殊師利所說般若波羅蜜經》)。**七、**十方淨土學。**八、**佛典兩性哲學。**九、**佛典宇宙天文學。

十、中觀學。**十一、**唯識學(唯識三十頌+《成唯識論》)。**十二、**楞嚴學。

十三、唯識腦科學。**十四、**敦博本六祖壇經學。**十五、**佛典與科學。

十六、法華學。**十七、**佛典人文思想。**十八、**《唯識双密學》(《解深密經+密嚴經》)。**十九、**佛典數位教材電腦。**二十、**華嚴經科學。

國家圖書館出版品預行編目(CIP)資料

《楞嚴經》大勢至菩薩「念佛圓通章」釋疑之研究
/ 果濱 撰. -- 初版. –
臺北市 ： 萬卷樓, 2014.02
　　面 ；　公分
ISBN 978-957-739-857-4 (精裝)

1.密教部

221.94　　　　　　　　　　　　　　103002213

《楞嚴經》大勢至菩薩「念佛圓通章」釋疑之研究

2014 年 2 月初版 精裝　　　　　　　　定 價：新台幣 300 元

ISBN 978-957-739-857-4

編　著　者：陳士濱（法名：果濱）
　　　　　　現為德霖技術學院通識中心專任教師
發　行　人：陳滿銘
封 面 設計：張守志
出　版　者：萬卷樓圖書股份有限公司
編輯部地址：106 臺北市羅斯福路二段 41 號 9 樓之 4
電話：02-23216565
傳真：02-23218698
E-mail：wanjuan@seed.net.tw
萬卷樓網路書店：http://www.wanjuan.com.tw
發行所地址：106 臺北市羅斯福路二段 41 號 6 樓之 3
電話：02-23216565
傳真：02-23944113
劃撥帳號：15624015
作 者 網站：http://www.ucchusma.net/sitatapatra/
承 印 廠 商 ：中茂分色製版印刷事業股份有限公司
◉版權所有　翻印必究◉
新聞局出版事業登記證局版臺業字第 5655 號
（如有缺頁、破損、倒裝，請寄回本公司更換，謝謝）